Give People Money

How a Universal Basic Income Would End Poverty, Revolutionize Work, and Remake the World

無條件基本收入

已經在德國、荷蘭、芬蘭、加拿大、肯亞發酵或進行的無條件基本收入，

真的能給我們一個沒有貧窮和不公的未來嗎？

真的能使年輕世代有更多的機會，實現更多的理想嗎？

CONTENTS

特斯拉公司的馬思克曾主張運輸部門的
大規模自動化已經迫在眉睫。
二〇一七年，他在杜拜全球政府高峰會上說：
「二十年對某些事來說是一段很短的時間，
像是勞動人口失業率從百分之十二（上升到）十五。」
關於無條件基本收入，
「我不認為我們會有選擇的餘地，它將是必要的。」

CONTENTS

第6章

無條件基本收入是否可能是終結貧困及促進發展計畫的一部分，確保成長利益能傳達到全世界最貧困的人身上呢？印度即使無法提供這個問題的答案，也是一個深入探究的絕佳地點。

衣衫襤褸的邊緣

我前往緬因州，從中產階級化的波特蘭到東海岸的鄉村地區，在藍莓農場上，捕龍蝦籠旁，在食物銀行、收容所、教養院、非營利機構辦公室等遇見的人們，讓我親眼見識貧窮陷阱的危害性。

CONTENTS

這會增加全球產出值百分之十一，
或是十二兆美元（相當於中國的年產出值）。

第9章 一次到位的優勢

217

一旦人人可以依據個別需求花錢，
貧窮將不再是那麼沉重的負擔。
金錢是走到哪都可以用，想買什麼大都不成問題。
單單只是發錢就意謂著，
單身母親不再需要拿食物券換現金就能開伙。

CONTENTS

第10章
每月一千美元的可行度 239
每月提供每一名美國公民一千美元的無條件基本收入，
意謂著政府一年要多花三兆九千億美元，
相當於美國經濟的五分之一產值，
也相當於聯邦政府目前把每一分錢花在造橋鋪路、
出兵打仗、照護銀髮族、起訴罪犯與保護濕地等各項政策的總額。

後記　充滿想像與可能性的未來 261

致謝 273

前言
呼吸的代價

我在一個潮濕悶熱的七月天裡，站在都羅山上的軍事設施中，俯瞰著南、北韓間的非軍事區。軍事設施的中央，有棟迷彩色建築物上漆著充滿希望的標語：「分裂的終點，統一的起點」。有一側是個大型的開放式觀景台，上頭架設著多個看向開城工業區（位於兩國之間的小小特殊地區）的望遠鏡。直到最近，北韓的共產黨工人才能到開城工業區，替南韓的資本主義公司工作，賺取每年九千萬美元的工資。這裡還有間小禮品店，販售著北韓工人製作的燒酒，和產自非軍事區、外層覆有巧克力的大豆（包裝盒外面寫著：「不喜歡嗎？寄回來退費」）。

另一邊有間劇院，座椅不是對著電影銀幕，而是朝著看向北韓、貼著標籤的透明觀景窗。**這是一面旗子。這是一間工廠。這是金日成主席激勵人心的雕像。**

看到了嗎？你看得清他的臉、他的手嗎？中國遊客透過夏日薄霧看著，手朝觀景窗和風景間指了指。

北韓人的宣傳音樂以震耳欲聾的音量越過四公里寬的非軍事區傳來，我不僅能聽到曲調，還能聽到其中的字詞。我問導遊秀珍這首歌在說什麼。「跟往常一樣，是在說南韓人如何成為美國人的工具，還有北韓人將會來解放我們這些資本主義的奴隸。」看著眼前荒蕪的景象，北韓人這點自大似乎有著不可能的哀傷，就像我們腳底下那些由北韓到南韓的未完成隧道，就像設立在觀景台視野可及之處的波坦金村。那裡原本被推估有兩百戶人家，平壤當局要求他們在一處集體農場工作，使用一所幼兒園、幾所學校和一間醫院。然而首爾當局已經確認那裡未曾有人居住，建築物都只是空殼子。同志們會前去開燈、關燈，營造有人活動的跡象。北韓人稱此地為「和平村」，秀珍則叫它「宣傳村」。

眼前和身後的明顯差異，讓我與同行的幾位旅行團成員都眼眶含淚。在談到政府政策方面，世界上或許沒有任何地方，比此處更能體現我們的選擇具有長遠的生殺大權。二次世界大戰之前，南、北韓原本為同一國家，有單一政體及經濟結構。但是在冷戰時期，資本主義及共產主義間的思想及政治對抗導致國家分裂，不僅拆散許多家庭，也對兩國造成傷害。秀珍坦白地說，南、北韓分裂是

前言　呼吸的代價

「我們國家的悲劇」。

大韓民國（Republic of Korea），也就是南韓，成為戰後時期少數幾個由第三世界快速竄升至第一世界的國家。一九六〇年，在朝鮮半島分裂十五年後，南韓人民所擁有的財富與象牙海岸及獅子山共和國的人民不相上下。二〇一六年，他們的收入直逼前殖民占領國日本的人民。現在，花旗集團預測，南韓將在二〇四〇年躋身世上最繁榮的國家之一，在某種程度上甚至比美國更加富有。

然而，朝鮮民主主義人民共和國（Democratic People's Republic of Korea），也就是北韓，則是呈現動搖與衰退的情況，尤其是從一九九〇年代開始。這是個由政治移植和軍事集結所統治、滿是饑荒創傷的貧民國家。很少有國家在未遭受自然災害或恐怖戰爭的禍害之下，會出現這種糟糕的發展模式。從幾年前開始，百分之四十的民眾生活在極端貧窮之中，這個數字是蘇丹的兩倍。如果北韓發生戰爭，這個比率必然會向上攀升。即使退出籠罩在蒸氣中、以帶刺鐵絲網包圍、由順從的年輕人帶著突擊步槍巡邏的觀景台，差異仍顯而易見。你我都可以看到，南韓那側林木繁盛，數條修築完善的公路縱橫其中，到處都是電線、火車、碼頭和高樓大廈。位於南方一小時車程之外的首爾，是個國際化與文化豐富度不輸巴黎的城市，公共建設比紐約或洛杉磯好很多。但是北韓那側的樹木被砍除殆盡。

秀珍跟我說，北韓人民必須砍樹作為柴薪及蓋房子的基礎材料。馬路上空空蕩蕩，建築物又矮又小。人民也是如此，由於營養不良妨礙發育的關係，現在的北韓人明顯比他們的南韓親戚還矮。

我們通常認為經濟狀況主要是政策的產物，南、北韓也對此提供了非常強而有力的佐證。但事實上，是我們的選擇成就了狀況的發展。雖然總會有件事違反這個事實，或許不如非軍事區這麼明顯，但依然存在。

■　■　■

試想，你的信箱或銀行帳戶中，每個月都會出現一張支票。這筆錢僅足以餬口，或許還夠支付分租公寓的房租、伙食費、公車費。如果你剛出獄，或是必須逃離施暴的伴侶，或者找不到工作，那麼這筆錢能救你脫離貧窮，但不足以過得特別好。比方說，你可以用這筆錢來做任何你想做的事，沒有任何附加條件。你可以用來付帳單、上大學，或存起來作為購屋的頭期款。你可以用來買菸酒，或作為在媽媽家地下室玩「糖果傳奇」（Candy Crush）遊戲及在網路上閒晃的生活費。或者你可以辭掉工作，用這筆錢來從事藝術創作、投身公益或照顧病童。此外，你不用做任何事就能得到這筆錢。在你有生之年，每個月都會得到這筆錢，不用到達某個年齡、不必有個孩子、不需要有個家庭，而且也不用保持身家清白，你就是能得到這筆錢。你只要能跟社會上的其他人一樣就好。

這個單純、簡要、基本的建議稱為「無條件基本收入」（universal basic income, UBI）。以特定社會或國家的每位居民都會接受它這點來看，「無條件基本收入」算是普遍的。以這筆錢僅足以餬口，毫無餘裕這點來看，「無條件基本收入」算是基本的。而且它算是收入。

這是個很古老的想法，源自於英國都鐸王朝和湯瑪斯．潘恩（Thomas Paine）的著作，過去五百年來，有關知識無用的探究篇章，時常伴隨著經濟革命的浪潮一而再、再而三地出現。過去幾年——在中產階級被壓榨、對政府的信任受到侵蝕、科技變革日漸加劇、經濟被優步化，以及越來越多針對現金作為反貧窮措施的能力的研究正在進行的情況下——「無條件基本收入」已經躍上令人驚訝的地位，甚至在某些地方已經從虛幻的假設轉向接近現實。馬克．佐克伯（Mark Zuckerberg）、希拉蕊．柯林頓（Hillary Clinton）、「黑人的命也是命」（Black Lives Matter）平權運動、比爾．蓋茲（Bill Gates）、伊隆．馬思克（Elon

Musk）等，只是少數政策提議的賣弄者、立場轉換者和支持者。無條件基本收入的引路人正在德國、荷蘭、芬蘭、加拿大、肯亞開始或正進行著活動，印度也是考慮的國家之一。有些政治人物正試著讓加州採用這個政策，瑞士也對此舉行公投，儘管被否決，但接受度也超過激進分子的預期。

為什麼要採取這樣一個激烈的政策變革，從根本上來改變社會契約、安全網絡和工作本質呢？無條件基本收入的新手夥伴提出令人眼花撩亂的種種論點，借重女性主義、環境政策、政治哲學、工作誘因、種族主義來擘劃一切。

或許，無條件基本收入最主要的論點是與技術性失業有關，機器人可能很快就會奪走我們的所有工作。牛津大學的經濟學家預估，包含數百萬名白領工作者在內，大約有半數的美國就業機會將受到影響，因科技進步而被淘汰。分析師警告，卡車司機、倉庫包裝工人、藥劑師、會計師、法律助理、收銀員、譯者、診斷者、證券經紀人、房屋估價師的世界末日即將來臨——幸好我的工作未列名其中，我還能繼續保住工作。這個論點認為，無條件基本收入在一個不太需要人類來工作的世界裡，必須維護群眾免於經濟困頓。「我不是說我知道未來，而是這是目前確實正在發生的事。不過，如果『海嘯』來襲，或許該有人弄清楚我們周圍是否有些防護設施。」安迪．斯特恩（Andy Stern）這麼對我說，他是有兩百萬會員的「服務業僱員國際工會」（Service Employees International Union, SEIU）前任會長，也是無條件基本收入的推動者。

第二個常見的推理線索較少臆測性，多數根植於眼前而非未來的問題。它強調，無條件基本收入承諾改善美國及其他高收入國家目前正面臨的逐漸擴大的不平等，以及惱人的薪資停滯。中產階級正逐漸變少。經濟成長正助長著富人的經紀帳戶，而非工人階級的錢包。它的支持者主張，「無條件基本收入」將資助收入位於後百分之八十的家庭的直接收入。這也將徹底提升工人議價的能力，迫使僱主提高工資、增加福利、改善條件來留住人才。當你每個月都保證有一千美元可用時，為什麼要做一份時薪七點二五美元的爛工作？無條件基本收入的新智庫及倡議團體經濟安全計畫（Economic Security Project）主張：「在巨大財富的時代裡，任何人都不該活在貧困之中，中產階級也不該陷入永遠停滯不前或焦慮的未來。」

此外，不管在世界各地或是在美國，無條件基本收入都可以成為消滅剝奪的有力工具。二〇一六年，大約有四千一百萬名美國人生活在貧窮線下。每個月一千美元的補助金會將其中許多人推升到貧窮線之上，而且也確保沒有虐待伴侶、疾病、天然災害、或突然失業的狀況，這些曾是眾人皆知、是最富有的文明社會裡的貧窮表徵。在低收入國家，這種情況更為嚴重。許多國家開始提供現金轉移計畫，以降低國內的貧窮率，即使不是全面性，也不是無限制，不過一些政策制定者和政黨對於結果仍感到滿意，正在不怎麼認真的考慮提供一個真正的無條件基本收入。美國慈善組織「直接給錢」（GiveDirectly）於肯亞展開一項計畫，在十多年的歲月裡，每個月發給數千名成年人約二十美金，來證明無條件基本收入如何以便宜且大規模的方式終結剝奪。直接給錢的共同創辦人麥可．費伊（Michael Faye）跟我說：「如果我們想要，現在就可以馬上終結極端貧窮。」

一些具有自由意志傾向的無條件基本收入推動者主張，無條件基本收入將會有效率地實際終結貧窮。以無條件基本收入取代現在的美國福利狀況，將能消滅政府的官僚主義，並且減少國家對其公民的生活干預：**歡迎無條件基本收入，衛生及公共服務部、住房及城市發展部、社會安全局、為數眾多的國家及地方辦公室，還有許多農業部等官僚部門，統統都再見**。美國企業研究所（American Enterprise Institute）的中右翼智庫查爾斯．默里（Charles Murray）說：「只給人民錢是個非常合乎常情的解決方案，這是個大刀闊斧解決問題的辦法，而且不需為我們的問題草擬更複雜的解決方案。」

預防機器人末日、提供工人議價的能力、使中產階級充滿生機、終結貧窮，並且減少政府的複雜性：這一切聽起來很棒，不是嗎？不過無條件基本收入意謂著，不管狀況如何，政府將永遠每個月發給每個人一張支票，這必定引發許多關於公平、政府支出及工作本質的問題。

第一次聽到這個想法的時候，我擔心起無條件基本收入對工作的影響。每個月收到一千美元的支票，或許會激勵數百萬名工人退出勞動大軍的行列，使美國依賴越來越少的工人稅收，來負擔越來越多沒有實際付出勞力的群眾。國家將失去在它最珍貴的資產中，占有大部分地位的獨創性及生產力，也就是它的人民。此外，以實施「無條件基本收入」來對抗技術性失業，可能意謂著放棄美國工人，寧願付錢給他們，也不願找出方法，好將他們與生氣勃勃的高科技經濟結合在一起。所有政治黨派的經濟學家都表達了類似的憂慮。

而且無條件基本收入將以非常高的費用完成這一切。假設我們想要每個月給每位美國人一千美金的現金，大略計算後，這項政策每年將花費約三點九兆美元，再加上政府先前已經資助的其他一切支出，意謂著聯邦政府的總支出將增加一倍以上，按理來說，稅收也得要增加一倍，這樣可能會慢慢拖垮經濟，並且導致富裕家庭和大公司逃到境外。即使政府用無條件基本收入取代社會安全和其他許多反貧計畫，每年仍將增加數千億美元的支出。

更進一步來看：「無條件基本收入真的是對稀有資源最好的運用嗎？」突然提高稅賦，只為了讓佐克伯、蓋茲這類人士，還有所有工人階級的家庭成員、退休人士、孩童、失業者等人，每個月都領取一千美元，這樣有意義嗎？如果與現行的醫療補助或食物券計畫一樣，對富人徵稅，直接將錢給那些經過資產調查的窮人，不會更有效嗎？即使是在社會主義的北歐國家，國家的補助一直都是依情況而定。再加上在美國和其他國家，許多低收入戶和中收入戶的每位成員，每個月已經從政府手上得到遠比一千美元還多的補助。如果無條件基本收入剔除像是食物券和房屋補助券等計畫，是否能保證基本收入會比現行系統更公平有效？

哲學上對無條件基本收入的反對意見也更多。除了一些王子、公主和類似阿拉斯加這種產石油地區的居民，世上沒有哪個國家或社區的居民生來就能不勞而獲。為什麼我們應該給人們錢，卻沒有任何附加條件？為什麼不要求社區服務作為回報，或要求人們至少試著工作？美國所憑藉的理念是靠自己振作起來，而非靠著救濟品毫不費力的前進，不是嗎？

我身為一名華府經濟和經濟政策的記者，聽到所有這些爭辯和反對意見，看著一個含糊不明、從未試過的想法，成為一個全球性的現象。根據Google數據，在二〇一一年到二〇一六年之間，「無條件基本收入」這個關鍵字的搜尋次數多了一倍。二〇〇〇年代中期，幾乎沒有任何新聞報導談到無條件基本收入，不過在此之後，被談論的次數就呈指數型成長。它出現在書籍、研討會、與政治人物的會談、與進步分子和自由意志人士的餐桌會談。

我在它發生時做了相關報導，也撰寫了瑞士的失敗公投，還有加拿大的基本收入實驗，後者為當代辯論提供了證據。我與矽谷的投資者談論關於失業前景和乘坐無人駕駛汽車的恐懼，猜想多久以後，人工智慧會開始威脅到我的工作。我與共和黨及民主黨的國會議員聊到衰退中的中產階級，以及國家是否需要一個新的、大規模的重新分配政策來加強它。我與歐洲的知識分子一起喝啤酒時，被這個想法所吸引。我與國會助理的談話，確信無條件基本收入將在二〇二〇年成為總統政見的一部分。我和擁護者談話，確信十年後，全球數百萬人每個月將有一張支票可用，否則將形成一種新的無業遊民。我聽到哲學家的說法，確信我們對工作的理解、我們的社會契約，還有經濟基礎，都將經歷一場劃時代的轉變。

我對無條件基本收入了解得越多，就對它越著迷，因為它對我們的經濟和政治提出了這麼有趣的問題。美國的自由意志人士和印度經濟學家想要的真的可能一樣嗎？就像「黑人的命也是命」平權運動的抗議者和矽谷身兼數職的科技人想要的，可能一樣嗎？可能有一個政策同時適合肯亞每天花費六十分美金的村民和瑞士最富有的州的公民嗎？無條件基本收入是顆神奇的子彈，還是尋找釘子的政策錘？我的問題也很哲學。我們應該補償無償的護理人員嗎？有鑑於美國是那麼的富有，為什麼我們能容忍兒童貧窮？種族主義者是我們的安全網嗎？機器人工作末日到底會是什麼樣子？

我著手寫這本書的目的，不是為了描述一個快速發展的國際政策運動或是鼓吹一個理念，而是要回答我自己的問題。這項研究將我帶到偏遠的肯亞村莊、印度最窮省之一的雨季婚禮、遊民收容所、和參議員辦公室。我訪問經濟學家、政治人物、餬口農民、和哲學家。我前往韓國參加無條件基本收入的研討會，與多位重要的理念擁護者和知識最淵博的思考家碰面，並且與他們一起站在非軍事區，思考我們的政策選擇帶來令人害怕、激勵人心、和深刻的影響。

我開始相信，無條件基本收入這個宏大的理念包含普遍性、無條件性、包容性、和簡單性的原則，無論全球的政策制定者是否通過每個月給予現金補助，這些原則都將有益於他們理解及執行。最後，我發現無條件基本收入與技術官僚的政策提議一樣，都是一種社會思潮。無條件基本收入堅持，每個人都值得享有選擇的自由、不受剝奪的生活，以及經濟上的分享，還有我們的政府可以而且應該選擇提供那些東西。

這本書有三部分，首先，我們將看到有關無條件基本收入和工作的議題，其次是無條件基本收入和貧窮，然後是無條件基本收入和社會包容。最後，我們將探索全面性現金計畫的承諾、可能性、和設計。我希望你會和我一樣，從思考這個複雜、變革、難解的政策中獲益良多。

第 1 章

不需要人類工作的時代

特斯拉公司的馬思克曾主張
運輸部門的大規模自動化已經迫在眉睫。
二〇一七年，他在杜拜全球政府高峰會上說：
「二十年對某些事來說是一段很短的時間，
像是勞動人口失業率從百分之十二〔上升到〕十五。」
關於無條件基本收入，
「我不認為我們會有選擇的餘地，它將是必要的。」

北美國際車展（North American International Auto Show）是場耀眼喧囂的盛會。汽車製造商在最冷冽的一月前往汽車大城底特律，一年一度向業界人士、新聞媒體、和社會大眾展示最新的車款、技術、和概念車。各家汽車製造商都會把寇博中心（Cobo Center）那個黑暗、鋪設地毯、像是山洞的展場角落，變成像是遊戲節目的場景：不僅有聚光燈、伸展台、燈光秀、衣著暴露的女性，還有許多輛汽車，一輛接一輛停放在巨大旋轉盤上轉動著。我在最近的展覽中，花了幾個小時試坐新款汽車，並與車商主管及銷售代表交談。我坐進一輛如同鯊魚般光滑的運動休旅車裡，科幻小說的虛擬駕駛艙直接取代了它的按鈕、排檔、和儀表板上的刻度盤。有輛賽車為了符合空氣力學，車身非常低，我得彎腰才能坐進去。現場還有一輛接一輛的無人駕駛汽車。

這些展品按技術奇觀的程度從「酷喔！」排列到「我的天啊！」例如，有輛巨大的福特卡車提供了增加效率的車距控制巡航系統，可以在行人之前剎車，而且在交通繁忙時刻，接管走走停停的駕駛工作。當我握著超大的方向盤時，有個銷售代表跟我說：「你不必自己踩著踏板。」

另一頭停著一輛福斯概念車，看起來像是給外星人的嬉皮大篷車。那輛迷你巴士沒有門閂，只有感測器。沒有油箱，只有插頭。在完全自動駕駛的模式下，方向盤會隱沒在儀表板之下。然後各種雷射、感測器、雷達、和攝影機會引導汽車，駕駛和副駕駛座的乘客可以把座椅轉向後面，將這輛巴士變成舒適的太空時代客廳，該公司的設計總監克勞斯．畢雪夫（Klaus Bischoff）稱這輛車是：「未來之車！」

我在底特律不斷聽到這幾個字。我們正在發展未來之車、未來之車即將面世、這就是未來之車。我開始明白，汽車市場正快速從自動化駕駛轉向自動駕駛再到無人駕駛。很多汽車已經提供了許多功能來輔助駕駛，像是花俏的車距控制巡航系統、倒車警報器、車道保持科技、緊急剎車、自動停車等。添足這些選項，再加上一些先進的感測器和千行程式碼，最終你會擁有一輛能自己從出發點開到目的地的自動駕駛汽車。很快的，汽車、卡車、計程車就可以在無人駕駛的狀況下，完成這件事。

這個技術從〇到六十——原諒我這麼說——只花了十五年的時間。回到二〇〇二年，隸屬於美國國防部的國防部高等研究計畫局（Defense Advanced Research Projects Agency, DARPA）宣布一項「重大挑戰」，邀請車隊打造自動駕駛汽車，並在一條從加州巴斯托（Barstow）到內華達州普里姆（Primm）的一百四十二哩沙漠路線上，展開競賽。贏家可以抱回整整一百萬美元。在這場賽事中，沒有任何一隊參賽者的車輛跑完全程或是接近終點附近。但公告的獎金和對這起賽事的宣傳，激發一波投資和創新的浪潮。國防部高等研究計畫局的史考特．瓦德（Scott Wadle）中校說：「首場比賽創造了一個由創新者、工程師、學生、程式設計師、越野賽車手、汽車維修技師、發明家、和夢想家所組成的共同體，他們透過努力解決困難的技術問題，一起創造了歷史。在那之後的幾年內，這些人帶來的新思維，是引發地面車輛自動駕駛機器人科技有重要進展的火花。」

隨著這些系統變得更可靠、更安全、更便宜，以及政府的法規和保險市場開始接納它們，一般人將能體驗這些系統。Waymo自動駕駛汽車公司是由Google自動駕駛汽車計畫所單獨成立出來的公司，我在車展看著Waymo公司的執行長約翰．克拉夫茨克（John Krafcik）賣弄一輛克萊斯勒太平洋系列（Pacifica）的全自動轎旅車。「我們最新的創舉，使我們的技術能每天更貼近的擴展到潛在的數百萬人身上。」他說，並且闡述3D光學雷達的成本，將如何有助於操控該車售價只在幾年內就從原來的七萬五千美元降低百分之九十。BMW和福特等公司也宣布它們的自動駕駛汽車很快就會上市。豐田汽車公司的高層主管山迪．洛本斯坦（Sandy Lobenstein）在底特律的演說中提到：「汽車科技的數量呈指數性成長。

正如我們所知，車輛正轉變為未來學家長久以來夢想的行動方式。」計程車沒有計程車司機、卡車沒有卡車司機，你可以告訴車子要去哪裡，然後小睡一下：它們正逐漸駛上我們的道路，並且威脅數百萬與它們做同樣工作的人。

在密西根州陰鬱的一月天裡，對自動駕駛技術的興奮之情已經顯而易見。美國的汽車工業在二〇〇七年開始的那場經濟大衰退（Great Recession）期間，幾乎要滅亡，儘管在接下來幾年強力復興，美國人仍舊不像一九九〇年代和二十一世紀早期一樣買那麼多車，部分原因是美國人越來越少開車，還有部分原因是通常最熱中於購買新車的年輕消費族群仍舊非常缺乏現金。因此，分析師興奮的形容這個尚未完全開發的新技術為該行業的「淘金熱」。自動駕駛汽車被預料將大大擴展全球市場，汽車製造商期望到二〇三五年能每年銷售一千兩百萬輛汽車，獲得八百億美元的收益。

但對許多人來說，無人駕駛汽車的蓬勃發展似乎不像是個刺激，或是期待已久的未來終於來到，而是像個滅絕性的威脅。試想一下，在已經使用無人駕駛或自動駕駛車輛的工業廠區中，某些工人的命運，他們看著機器人開始取代原本的同事。代表加拿大油沙工人的地方工會分會主席肯．史密斯（Ken Smith）在一場接受加拿大廣播公司（Canadian Broadcasting Corporation）的採訪中說：「卡車不用給退休金，也不會休假，純粹只跟錢有關係。」這種「導因於科技的裁員潮，將會有嚴重後果」。

多重的威脅所傷害的，不僅只有特定地點的卡車司機，還有校車司機、豪華房車接送司機、計程車司機、長途卡車司機、和港口工人。哎，甚至再加上許多四處搬運物品的建築工人和零售人員，還有幫你送披薩的孩子。據歐巴馬政府估計，自動駕駛車輛可能消滅二百二十萬到三百一十萬份工作。自動駕駛汽車不是世上唯一有可能大幅減少人力工作需求的技術。現代的卡珊德拉正發出警告，簡直沒有一個工作不岌岌可危。

如果你最近聽說過無條件基本收入，很可能是因為近期這些無人駕駛汽車和對技術性失業的強烈擔憂受到關注。例如，特斯拉公司（Tesla Inc.）的馬思克曾主張，運輸部門的大規模自動化已經迫在眉睫。二〇一七年，他在杜拜全球政府高峰會（World Government Summit）上說：「二十年對某些事來說是一段很短的時間，像是勞動人口失業率百分之十二（上升到）十五。」關於無條件基本收入，「我不認為我們會有選擇的餘地，它將是必要的。」

在底特律，這個危險感覺是不祥的現實。當我徘徊於寇博中心的會場，以及與技術投資人在矽谷談話時，我想要獲得答案的問題，並非自動駕駛汽車和其他先進的技術是否會開始讓人們失去工作，而是什麼時候會發生，和接下來會發生什麼事。美國似乎對失業末日完全沒有準備，反觀無條件基本收入則提供了確保生計、維持中產階級的方法，並在非凡科技奇蹟轉變我們的生活和世界時，防止剝奪發生。

■　■　■

人類很久以前是使用矛、網子、和犁，現在則發明機器讓生活更輕鬆；機器減少人類對勞動的需求。人類發明汽車，汽車讓馬車夫和蹄鐵匠失業；人類發明機器人幫忙製造汽車，機器人讓人類失業；人類發明自動駕駛車，自動駕駛車讓卡車司機失業——這些狀況以花俏的經濟術語來說是「技術性失業」，而且是個已知、不變的事實。

在車展展場附近就可以看到發明奇蹟如何與工作滅絕的悲劇連在一起。只要看看車展的主辦城市。在二十世紀前半葉，它帶領了一小支軍隊——或者坦白說是一支人數合宜的軍隊——滿足人們對汽車的需求。在一九五〇年代，通用、福特、克萊斯勒三大汽車製造商光在密西根一地的工人就超過四十萬人。如今在該州則只有幾座廠房，總計約十六萬名汽車工人。當然，對美國汽車工人最主要的影響是離岸外包和全球化，而技術進步及製造單一車輛所需工作時數的降低也是關鍵。由於底特律地區的工作機會減少，而且幾乎沒有其他興盛發展的產業，所以該地區從一九五〇年代以來，減少了超過一半以上的人口，導致稅基大幅縮減，並讓許多裝飾藝術風格（Art Deco）和後現代主義的建築物成了荒廢的空屋。

更廣泛的說，美國製造業的衰退已重重打擊了「**鐵鏽地帶**」（Rust Belt）❶，以及南部跟新英格蘭地區。一九七九年，全美有一千九百六十萬個製造業工作機會，到了二〇一七年，大約是一千二百五十萬個，雖然這幾年人口數增加了將近一億人。因此，在戰後時期，美國中西部製造業聖地的經濟發展是全國最糟的，該地區的整體就業率從一九五〇年代的百分之四十五左右，降到二〇〇〇年的百分之二十七。

即使有這些痛苦的脫序，經濟學家仍舊視技術變革造成的失業是一個良性過程的必要部分。有些工人辛苦奮鬥、有些地方衰退敗落，但經濟上全面蓬勃發展。機器淘汰的向來都是薪水及價值較低、危險性較高的工作；機器創造的工作往往都是薪水及價值較高、危險性較低的工作。經濟活動在擺脫不好的工作時，也創造了更好的新工作。如果過程並非總是那麼順利，工人也會隨之做出調整。

有部分人是藉由遷移來做出調整。例如數百萬名工人離開底特律和「鐵鏽地帶」①，轉而投入西南部的陽光服務業經濟，或墨西哥灣的石油經濟。他們也以轉換行業來做出調整。在前往底特律的路上，我立刻犯了湯瑪斯．佛里曼（Thomas Loren Friedman）②式的愚蠢，我問載我去巴爾的摩機場的 Lyft ③司機對於其公司換成無人駕駛汽車的計畫，以及他可能很快就會失業的看法。「這讓人煩惱，」他承認，「但是我正考慮試著去上某些課程，好成為替它們服務的人。將來你不可能把這些車開去給習慣修理舊車型的人，你將會需要懂軟體的技師。」

從遠處來看，不管內部有任何痛苦和變動，經濟仍是持續成長且繁榮興盛。勞動市場容納了許多從製造業被擠出來的男性，還有湧入勞動人口的數千萬名女

---

① 指從前工業興盛，如今卻已衰落的地區，也稱為製造帶，主要指美國東北部地區和五大湖區周圍。

② 佛里曼是美國新聞記者、專欄及書籍作家，普立茲獎三屆獲獎者，擁護透過科技進步所帶來的改變，稱自己為「自由貿易人」、「熱情推土機」，並批評抗拒這些改變的國家，因此其寫作觀點也伴隨不少駁斥。

③ 美國的交通網絡公司，提供載客服務與即時共乘的分享型經濟服務。

性和數百萬移民。當製造業在美國就業人口的占比，從超過百分之二十五降到只有百分之十時，也不會造成大規模失業。當農業僱用的勞動力從百分之四十降到只有百分之二時，也是一樣。

關於機器將消滅人類工作的想法存在已久，而且一再被證明是錯誤的，次數多到足以被暱稱為「盧德謬論」（Luddite fallacy）❹或「勞動總合謬誤」（lump-of-labour fallacy）❺。在十九世紀初，英國諾丁罕（Nottingham）的紡織工人破壞了他們的織布機，以要求更好的工作和更高的薪資。（沒有必要。）在經濟大恐慌期間，經濟學家約翰・梅納德・凱因斯（John Maynard Keynes）推測，到了二〇三〇年，技術進步將終結耗費大把時間在辦公室、農田或工廠的情況。（唉，沒有！）一九六四年，包含三名諾貝爾獎得主在內的一群公共知識行動家警告白宮，「電腦和自動化的自動調節機器結合」將扶植出「一個貧窮、無技能、失業的分裂國家」。（現在看來也是沒有。）以上的眾多理論都失準，沒有一個成真。如經濟學家艾力克斯・塔巴羅克（Alex Tabarrok）所言：「如果盧德謬論是真的，所有人都將失業，因為生產力已經成長了兩個世紀。」

儘管如此，我仍一再聽到「這次真的不一樣」的擔憂。歐巴馬總統在告別演說中預言：「下一波經濟脫序的浪潮不會來自海外，而是自動化無情的步伐，讓許多好的、中產階級的工作被淘汰。」雜誌封面、書籍、和有線電視新聞片段警告，機器人將不只取代卡車司機，也將取代華爾街交易員、醫院的診斷醫師、和倉庫工作人員。

在一些說法中，問題是在於科技並不像以前那樣製造工作機會，而是以更快的速度將其摧毀。這是個同樣關於技術性失業的老故事，就像吃了類固醇：進步的科技可能提升生活水準、使商品和服務更便宜。但是如果你沒有工作、你的鄰居也沒有工作，你所居住的城鎮四年內三度刪減學校預算，那麼擁有一輛自動駕駛汽車的好處到底是什麼？如果因為機器人變得這麼棒，所以不需要人類，那麼將會變成什麼樣子？

底特律再次給這個論點提供了一個非常好的演繹。汽車正在經歷一場技術變革，從機械的小零件到超強大電腦的改變，每個面向可能都會被革新。將用數

④ 發展經濟學的一個觀點，認為在生產過程中應用了節省人力的技術，會減少對勞力的需求，導致失業率增加。

⑤ 認為工作總合是固定的，所以需要的勞動總合也是固定的。

十億美元把無人駕駛車的概念迅速推廣給消費者和企業。不過這項革命性技術所帶來的，或許相當於數萬個工作機會。機器人不僅駕駛這些新的無人駕駛汽車，而且還正在設計和製造它們。同樣的變革力量在整個國家顯而易見。二〇〇七年第三季，實體零售巨頭沃爾瑪（Walmart）在美國擁有一百五十萬名員工，同時期網路零售巨頭亞馬遜的員工則只有沃爾瑪的三分之一。正如著名的未來學家傑容·藍尼爾（Jaron Lanier）提到的，柯達公司在高峰時期僱用了十四萬名員工；臉書公司收購分享照片的社群公司Instagram時，後者只有十三名員工。

比較讓人擔憂的可能性是，越來越多的工作正陷入科技造成的過時潮流中。多個研究發現，美國幾乎半數的工作易因自動化而受到侵害，而世界上的其他地區也可能要開始擔心。例如土耳其、南韓、中國、和越南等國家，已經看到工業化帶來滿大一部分激增的成長率——工廠需要數百萬隻手來供應機器，縫製服裝和生產電子產品。但是成本急遽下降且光速進步的機器人，現在正威脅著暫停甚至關掉工作來源。哈佛大學經濟學家丹尼·羅德里克（Dani Rodrik）警告，「過早去工業化」可能讓低收入國家在有中產階級來購買服務之前，就已經轉型為服務經濟。有個加速經濟成長的常見途徑曾經援助韓國及其他國家，而這個途徑將要消失。歐米迪亞網路公司（Omidyar Network）是由億萬富翁、eBay創辦人所成立的非營利基金會，該公司的麥克・庫詹斯基（Mike Kubzansky）告訴我：「如果各國不再能隨著東亞的成長模式脫貧，那麼浪潮的移轉可能會有破壞性。」大規模失業可能先對高收入國家造成打擊，但對開發中國家的衝擊會最嚴重。

然而，二十一世紀的技術性失業有個更令人恐懼的故事，暗指今日的改變並非只是過去發生之事的影響力所造成，還有一種截然不同的分裂。這不同的分裂依賴聰明的電腦系統來提升自我，從而真的淘汰人類工作。

▪ ▪ ▪

臉書聘僱一個人工智慧專家團隊來建構軟體，以辨識及標記照片中的臉部、回覆客戶申訴、分析使用數據、識別辱罵及威脅的評論等。這個團隊稱為臉書人工智慧研究院（Facebook AI Research）或FAIR，他們的任務是編寫自動聊天機器人的程式來進行溝通談判，例如預訂餐廳。

程式會先找到義大利當地的一個定點，再連接到包含相對較少且大都固定的變數。好的結果是，它或許會連接到星期二晚上八點能有個給四個人聚會的桌位，而不是一份有關停止濃縮鈾以換取放寬金融制裁的協議，或一份有不同的付款時程、更好的退休福利、和快速配發股票的新合約。上面那些情況，就如同生活裡的多數時候，其中談判溝通的技術與科學一樣多。通常在不明顯的時候，溝通談判需要評估某些事物的價值。溝通談判需要辨識和解決衝突，並且試著找出不對稱的訊息。搭配上心智理論會運作得更好，意謂著能理解坐在對面的人跟你有不同的動機和資源。這是電腦做得不好而人類很擅長的事情。

臉書聊天機器人開始做簡單、公式化的溝通談判，例如詢問兩個給定的項目，並同意以其中一個來解決。然後它開始分析大量數據，而且試著改善並提升自我技能，以達成良好的解決方案——換句話說就是自我教導。它開始對低價值的品項假裝有興趣，並在稍後的談判中讓步。臉書的研究人員提到：「這不是研究人員所設定的行為，而是機器人發現可以試著達成自身目標的方法。」人工智慧也開始撰寫自己對命令的回應，移除過去工程師所給的程式。

人工智慧運作得如此快速，開始通過圖靈測驗（Turing test）❻。「多數人沒有意識到他們是在跟一個機器人，而不是在跟另一個人交談——這顯示機器人學會用英語進行流利的對話。」臉書研究人員寫道。最好的談判機器人代表的表現，可以媲美人類談判代表。「在機器人通常表現比較差的項目中，它卻贏得了更好的結果，這證明臉書人工智慧研究院的機器人不只能說英語，還能聰明思考要說什麼。」

或許這個實驗最引人注目的成果是：以英語為溝通程式碼的機器人，最後發展出它們自己的語言，以便在彼此間進行談判：

包柏：我可以我我其他所有……

愛莉絲：球對我來說對我來說對我來說對我來說對我來說對我來說對我來說對我來說是零

包柏：你我所有其他……

對人們來說，這看起來、聽起來都很蠢，我承認。但這是多麼出色和卓越的技術壯舉，而且那些機器人可以如此的人性化、有創造力和適應力的這一切，都使我感到驚訝。機器人判定用它們自己的速記法來說話更有效率，所以它們就這麼做了。它們擴大自己的能力，學習和教導自己不只做簡單的談判，而是進

⑥ 判斷機器能否思考的著名測驗。

行複雜度幾乎跟人類一樣的談判。有個工程師對美國財經雜誌《快公司》（*Fast Company*）說：「機器人代表將會擺脫可理解的語言，為自己創造代碼。像是如果我說『五次』，你會知道意思是我想要複製這個項目五次。這跟人類社群創造速記法的方式並沒有不同。」（我注意到臉書在機器人發展出自己的語言並停止說英語後，就將它們關閉了。）

臉書的談判機器人說明，為什麼這麼多未來學家、技術人員、經濟學家如此擔心科技會使人類面臨就業上的新阻力。到目前為止，人類都一直在進行技術創新，打造更好的機器，並且對電腦進行微幅的改進。但是人工智慧、神經網絡、和機器學習，已經讓這些機器人能夠自我改進。由於這些進步，過去幾年並不只有無人駕駛汽車技術徹底提升，Google翻譯在口譯方面也有了戲劇化的改善，蘋果的Siri和亞馬遜的Alexa等語音助理也能看到同樣的改善。電腦系統在掃描癌症方面比醫師厲害、在投資方面移轉金錢比交易員厲害、在常規法律工作方面比實習生厲害。

幾乎任何可以拆解成個別任務的工作——從寫合約到把櫻桃從樹上摘下來、駕駛共乘汽車、投資退休金——都很容易從人類手中轉移到速度提升到如飛輪快速的機器人手上。軟體開發人員、《被科技威脅的未來》（*Rise of the Robots*）作者馬丁・福特（Martin Ford）說：「其他人有可能從你過去所做的任何事的細節紀錄，學會做你的工作嗎？或者，是否有人能透過反覆操作你已經完成的任務而變成專家，就像學生可能透過練習測驗來準備考試？如果可以，那麼很可能有一天演算法可以學會做很多或完全包辦你的工作。」最近有個調查要求機器學習專家預測，人工智慧在某些特定任務上，什麼時候會做得比人類更好。他們預料在二〇二四年，機器人在語言翻譯方面將打敗人類；二〇二六年，機器人會撰寫中學論文；二〇二七年，機器人會開卡車；二〇三一年，機器人會在零售店工作；二〇四九年，機器人會寫暢銷書——唷！——二〇五三年，機器人會動手術。「研究人員相信，在四十五年內，人工智慧有百分之五十的機會將在所有任務上勝過人類，而且在一百二十年內，使所有人類工作自動化。」調查報告的作者表示。

這是個令人驚訝並害怕的展望，對我們的經濟和生活將是革命性的改變。所有一切將會以獨創、改革、和投資來開始——新企業會提供新的軟體和硬體，公司將其買進，那些坐擁乾薪、不認真、難以訓練的人類員工將變得多餘。由簡單、重複的任務所組成的工作，將會是第一個實行的。但是人工智慧相當聰明。最終，商業公司將會開始銷售就像人類一樣溝通、談判、做決定、和能夠執行複雜任務的技術，這些技術甚至比人類還厲害，並永遠都在改善，而且也變得更便宜。想要刊登廣告的企業會發現，人工智慧在廣告橫幅和電視廣告插播的測試和播出效果都比較好。銀行會開始用演算法取代貸款人員，像是合約、保險、稅務準備等文書工作都將消失。包柏真的會說：「我可以我我其他所有……」

教育和健康這兩個巨大且成長中的就業區塊，通常被認為對改善生產力和技術性失業有抵抗力，但如果人工智慧系統夠好，而且允許調整改良，那麼它們可能會發現自己有所轉變了。資金短缺的州政府和地方政府可能允許學生在家上課，以學校董事會批准的聰明、互動人工智慧系統來考試。各大醫院已經準備以後開始使用ＩＢＭ的超級電腦「華生」（Watson）的技術來協助醫師診斷——它們可能很快就會將醫師開除，好讓出位置給遠距醫療、圖像驅動診斷、和自動照護。小型自主機器人可能開始沖洗鼻竇和切除黑痣。保險公司可能開始鼓勵病患與人工智慧系統交流，而不是跟有血有肉的醫師。病患應該要開始將人類醫師視為容易出錯的屠夫。套句經濟學家的話，人工智慧和自動化的進步，最後可能解決鮑莫爾成本病（Baumol's cost disease）❼。

當然，有些工作永遠不能外包給電腦或機器。幼兒園仍將需要人力來照顧幼兒。靈氣自然療法（Reiki Healing）、民選代表為社會服務、執行公司決策、研究檔案、撰寫詩歌、教導舉重、藝術創作、談話治療等，機器人似乎無法取代這些工作。但想像一下，商店店員、送貨司機、和白領官僚的人數大幅減少的世界。想像一下，每次衰退都伴隨著再次失業、公司變得越來越精簡、越來越簡單的世界。想像一下，幾乎所有學位都變得毫無用處、沒有現今隨花俏文憑而增加薪資的世界。想像一下，數百萬份工作永遠消失。

當然，這世界上有些人可能生存下來，甚至成功發展。以機器人取代人類員工的公司，通常變得更有競爭力和更賺錢。股票市場或許會突然好轉，股東、企業家、擁有專利者等人，都會看著他們的收益和財富飆升。財富和收入可能變得越來越集中在越來越少的人手中。已經處於令人憎恨程度的不平等，可能變得越來越嚴重。

但怎麼是勞動力消失，而不是資本？人們怎麼會忽視贏家通吃這件事，而是糾結於不值錢的學位和超級競爭的就業市場？他們對經濟的貢獻將較沒有價值，在很多情況下，是不被市場所需，而且他們會因此賺得比較少。他們的工資會停

⑦ 經濟學家威廉．鮑莫爾（William Baumol）提出的一種現象，主要是說明一個部門生產力落後於另一個部門時，其相對成本將因另一部門生產力相對快速增長而不斷上升。

滯、失業期將會更長、流動性仍然很低。可以肯定的是，更高的生產力和極為有用的新技術，將會以多種方式大大提升一般工作民眾的生活。除了我們的想像力，娛樂會變得更炫目，令人身歷其境，像是色彩豔麗的電玩遊戲、逼真的人工智慧模擬器、便宜或免費的奇幻電影和電視節目。無人駕駛汽車將減少路上的車禍數量並拯救生命，並讓旅行的花費更節省。人工智慧在醫學上的進步可能導致健康的快速改善——癌症的終結、傳染病的絕跡。

不過美國重新分配政策的設計宗旨並非用來支撐這種世界。失業救濟金是暫時的，而且通常用來鼓勵失業工人轉往成長中的行業就業。救濟金會持續給付半年，而不是半輩子。這個安全網鼓勵人們工作，針對中下階層的收入補助也是如此。所得稅扣抵僅限有收入的人，也就是有工作的人。福利和食物券計畫是有工作要求的。我們現行的一套政策可以幫助人們度過暫時的失業魔咒，並讓工作有所報酬。它不能、也不會支持五分之四的成年人度過永久性失業。

換句話說，如果面臨巨大的變動和失業潮，這套系統將會動搖且失敗。無條件基本收入是保持人們免於經濟困難的明確策略。世界銀行高級經濟學家烏戈．吉特里尼（Ugo Gentilini）在世界經濟論壇的演說表示：「論點是機器可以奪走工作，但是不應該拿走收入：保護多數民眾而不只是窮人的福利政策，應該要符合涵蓋社會大多數的工作不確定性。因此，〔基本收入補助〕成為數位時代的直接選擇。」

▪ ▪ ▪

最近，舊金山灣區變成「無條件基本收入」的世界中心。馬思克、蓋茲和其他科技巨擘表達了對名為「二十一世紀社會疫苗」、「二十一世紀經濟權利」、和「給人民的風險資本」的政策感興趣。

這種興趣日益轉為行動。現在「無條件基本收入創造一個長期的慈善活動」，集結許多計畫，談論無條件基本收入，以及對付貧窮。加密貨幣愛好者正在研究以比特幣贊助基本收入計畫。許多年輕的百萬富翁、科技創辦人，正在資助世界最貧窮的國家肯亞進行基本收入試點。新創公司孵化器「Y組合者」（Y Combinator）以發送無附加條件的現金給幾個州的家庭來作為研究的一部分。克里斯・休斯（Chris Hughes）是臉書創辦人之一，他已經投入一千萬美元到一項倡議中，去探究無條件基本收入和其他相關政策，他稱之為「經濟安全計畫」。他告訴我：「當我們說『就是這樣』的一小群人，對上說著『嘿，這裡可能有些東西』的一大群人時，便是社會在往前發展。」

我承認在矽谷為其正在製造的問題推動解決方案，可能有點諷刺——破壞整個經濟的勞動基礎，然後推動一個破壞性的福利解決方案。那些扼殺工作、一流生活的技術，不少是來自俯視舊金山金門（Golden Gate）和奧克蘭集體住宅的風險資本辦公室，以及加州門洛帕克（Menlo Park）的車庫。新創訓練學校「崔德克拉夫特」（Tradecraft）創辦人、「無條件基本收入」擁護者米沙．切拉姆（Misha Chellam）跟我說：「在矽谷，感覺就像我們可以看到未來。」但當無所不能產生令人不安的真相時，它會讓人感到失望，他這麼說。「當人們加入新創或科技工作時，對它會有一種天生的抱負。但很少有執行長樂於想到，他們的工作將導致許多壓力和傷害。」

不過在我們正處於一場深切的經濟和技術革命之中時，這種積極擁護似乎也激起了真正的關心。「Y組合者」的總裁山姆．奧爾特曼（Sam Altman）最近在由史丹佛大學、白宮、和臉書的億萬富翁慈善機構「陳佐克伯公司」（Chan Zuckerberg Initiative）合辦的貧窮峰會上發表演說：「我們曾經有過重大技術革命的時刻，例如農業革命、工業革命，那真的大大改變了世界。我認為，我們正處於另一場革命的中途，或至少是站在分歧點上。」

事實證明，無條件基本收入的理念往往會在這樣劃時代的經濟時刻浮現。它最初似乎是出現於資本主義誕生之初，那時正值亨利八世統治時期的文藝復興時代，重商主義取代了中世紀的封建主義。幾世紀以來，英國農民在當地領主或天主教會擁有的普通田地上，以自給農民的身分辛勤耕耘（稱為敞田制度〔Open Field System〕）。在十四世紀後期，越來越多的土地被「封閉」，領主禁止農奴放牧動物、種植農作物、或是建造小型家宅，反而僱用他們放牧綿羊和加工羊毛。曾經供給家庭的田地，反而供給了私人羊群。自給農民成了聘僱工人，而且常常變成乞丐或流浪者。

「只要綿羊帶來這麼多的收益，誰會維護供養每個郡縣的農業？」歷史巨著《都鐸的經濟問題》（*Tudor Economic Problems*）引用了一名十六世紀英國人的抱怨。「如果一個可憐人能透過養羊得到更好的收益，那麼誰會以家裡十幾頭母牛為成本來做乳酪、運到市場？誰不會滿足於拆除農家，好把自己的袋子裝滿錢？」

圈地的普及代表公共財的私有化、農民的貧困、仕紳的富裕，和越來越多的流浪者。這意謂著一個數百年歷史的經濟體系的劇變，也提出了英國領主跟國王虧欠了他們的居民什麼的問題。而在一五一六年，聖湯瑪斯・摩爾（Saint

Thomas More）感覺到要回答這個問題。在他的哲學小說《烏托邦》（*Utopia*）裡，摩爾與一名想像的旅人拉菲爾・希適婁岱（Raphael Hythloday，在希臘文裡的意思是「胡說的人」）對話。論述英國犯罪和貧窮的問題，並引證綿羊的災難是導致這一切的根源。他說這些溫馴的動物已經開始「毀滅」人類，就是指封閉土地影響了農民的困境。希適婁岱注意到英國會絞死小偷，並提出更好的建議：

這種處罰小偷的方式對其本身既沒有好處，也不利於公眾。因為太過嚴重，所以補救措施沒有成效。普通的竊盜罪行並沒有嚴重到要奪去人的生命。無論多麼嚴厲的刑罰，都無法禁絕找不到其他生存之道的搶匪……制定了可怕的刑罰來處置小偷，但是更好的是制定好的規定讓每個人都能有活下去的方法，免於為此而遭遇不可避免的竊盜和死亡。

這個「活下去的方法」是保證有最低收入，就是無條件基本收入類型政策的第一批事例之一。

在工業革命期間，這個觀點再度浮現，通常是對於靠租金或鼓勵過活的人、貧窮、權利、和重新分配的討論的一部分。例如，湯瑪斯・潘恩在一七九七年主張，每個公民在二十一歲的時候，都應該因為「引入土地產權系統，喪失他的天生繼承權」而得到賠償，並且從五十歲至過世都能領到退休金。在十九世紀中葉，法國激進的哲學家夏爾・傅立葉（Charles Fourier）——哲學家卡爾・馬克思（Karl Marx）形容他是一名「烏托邦社會主義者」——主張，「文明」應該是每個人最低限度的存在，也就是一天三餐、有個六星級的旅館房間，如同基本收入全球網絡（Basic Income Earth Network）組織在理念歷史中所提到的。後來，著名的政治經濟學家約翰・史都華・彌爾（John Stuart Mill）也給了無條件基本收入一個案例。

在激進的一九六〇年代期間——我們新機器時代的曙光，還有女性及有色人種開始要求進入並全面參與以白人為主的經濟的轉型時代——這個觀點再度浮現，並且有一陣「短暫的歡騰」。諾貝爾獎得主米爾頓・傅利曼（Milton Friedman）建議採用「負所得稅」，用法規將所有家庭收入提高到最低水準。美國民權運動領袖馬丁・路德・金恩（Martin Luther King Jr.）呼籲以基本收入和其他激進、全面性的政策，來援助種族和經濟正義的目標。共和黨人理查・尼克森（Richard Nixon）和民主黨人丹尼爾・派屈克・莫尼漢（Daniel Patrick Moynihan）也都支持這個想法。但是這些努力都沒能成功，部分原因是初步研究就錯誤的指出，某些形式的補助可能會提升離婚率。激進的想法很快就被遺忘。

現在，受到科技泡沫資金的挹注，以及失業的恐懼和期望更好未來的驅使，無條件基本收入正處於一個非比尋常的全盛時期。無條件基本收入擁護者、風險投資家阿爾伯特．溫格（Albert Wenger）認為：「我們正在談論將你的基本需求從工作需要中分離出來。數百年來，我們圍繞著工作的需要建造整個世界。現在，我們正在談論的不只是關於經濟的調整——它就像是一場啟程的基礎，就像我們從農業社會走向工業化時一樣。」

■ ■ ■

不管人工智慧的創造和對人類勞動未來的關注，我仍舊覺得對於施行無條件基本收入以避免技術性失業的論點有點誇張，或至少是不成熟的。

如果技術快速改善且讓工人失業，我們很容易就能在國家統計資料中發現。它在「總要素生產力」（Total Factor Productivity, TFP）中會很明顯，有時候也被稱為「梭羅殘差」（Solow residual）❽。如果工廠老闆買了新的零件壓製機，我們就會預期工廠能生產更多小零件。如果工廠僱用更多員工，並且要他們工作更長時間，我們就會預期工廠生產更多小零件。當工廠工人想出如何從零件壓製機獲得更多零件時，不用買新機器，也不用增加工作時數，總要素生產力就會成長。總要素生產力說明了獨創性和人力資本，經濟學家覺得這是我們經濟動力說的最好量測方法。

如果無人駕駛汽車取代了卡車司機、人工智慧系統取代了譯者、機器人取代了醫師，我們就會預期總要素生產力飛漲——即使會造成就業率下降，經濟也因此走緩。國家會做的仍然很多，雖然也減少了很多。但是從二〇〇〇年代中期開始，總要素生產力的成長走緩。這是一個深切但幾乎不曾討論過的問題。如果結算一九四八年到一九七三年間的平均年生產率成長紀錄，平均每個家庭每年會多賺三萬美元。另一方面來說，如果不以平均來看，單就一九七三年的水準，平均每個家庭只多賺九千美元。

我們的現實生活是就業市場動能不足、技術奇蹟令人驚訝、對機器人末日深

⑧在經濟模式中，總要素生產力的成長率若無法以投入要素變動量解釋產出變動量，這部分就會以殘差值處理，稱為梭羅殘差。

切恐懼，而國家統計數據則暗示著經濟越來越少創新。為什麼現實生活與國家統計數據兩者之間會完全脫節？

有些人認為，統計數據並沒有體現創新對經濟的影響，而且錯估了技術變革的快速步伐。例如過去十八個月，某項被認可的技術發明已經獲得五倍的收益，但政府相信，它只獲得兩倍的收益。如果這類錯估普遍存在，那麼國家統計數據可能有很大的謬誤。有個相關的論點是，今日電腦的進步在各方面改變了經濟，使純經濟規模縮小，因此更加難以估量其價值。以音樂產業為例。一九九〇年代後期，錄製音樂的銷售達到巔峰，那時你可能因為迷戀而擁有混音磁帶，但是從那之後就崩潰了。並不是因為每個人都不聽音樂——正好相反——技術的進步衝垮了音樂產業長期以來的現金基礎。

還有更多嚴苛的分析認為，科技只是進步了，但並沒有讓人們印象深刻。在經濟重要性方面，摘採水果的機器人、癌症掃描應用程式、無人機、數位相機、和無人駕駛汽車，都比不上脫穀機、商用客機、抗生素、冰箱、和避孕藥的變革力量。「你可以環顧紐約四周和超過一百年歷史的地鐵。你可以在飛機上環顧四周，它與四十年前的有點不同——雖然螢幕無所不在。或許它們會分散我們對周遭的注意力。或許慢了點，因為機場安檢屬於低端的科技，而且運作得並沒有很好。」億萬富翁、科技投資人、美國總統川普的顧問彼得・泰爾（Peter Thiel）最近若有所思的對「Vox」網路新聞媒體說。」

也可能是我們經濟成長的停滯速度，刺激了創新的停滯速度。左派智庫羅斯福研究所（Roosevelt Institute）的經濟學家梅森（J. W. Mason）認為，整體經濟對商品和服務的需求低迷以及工資低廉，都減少企業獲得更精簡、更有生產力、和更有創造力的刺激。他認為，更高的工資和更快的經濟成長將提高生產力，迫使企業為節省勞動的技術支付金錢。

也或許是我們近代的技術進步還沒來得及出現在生產力統計中。古騰堡的印刷機無疑是人類夢寐以求的最偉大技術之一，改變了資訊的傳播和紀錄的保存方式。但是經濟學家發現，它在十五及十六世紀並沒有加速成長或提高生產力。或以電氣化為例，一八九〇年代和一九〇〇年代早期，美國企業和家庭開始裝配電力設施，在晚上照亮建築物，並且從門鈴到太空梭，為一系列驚人的消費品和工業品鋪設道路。然而，正如經濟學家查德・希沃森（Chad Syverson）所言，在導入電氣化約四分之一世紀之後，生產力的成長相對較慢。同樣的，對第一個資訊科技時代來說也是成立的，當時電腦開始成為企業和家庭裡的必備品。一九八七年，經濟學家羅伯特・梭羅（Robert Solow）——梭羅殘差即由其所提出——譏諷的說：「除了生產力統計以外，到處都能看到電腦時代。」在大部分情況下，一旦創新者發明了互補技術，而企業有很長的時間來做調整，生產力就會加快——這意謂著我們新機器時代創新的收益和失業可能即將到來。如果是這樣，結果將會是大規模失業，而無條件基本收入可能是個必要的救濟。

但是矽谷方面的觀點覺得，就此時來說尚為推測性，還有點遙遠。那些無人駕駛汽車很神奇，踏進去就感覺踏進了未來。那些人工智慧非常驚人，看它們工作就彷彿滑入科幻小說裡。然而人們仍舊堅定的坐在那些無人駕駛汽車的方向盤之後。而且那些人工智慧系統依舊遠離大部分人的工作和生活。討論無條件基本收入作為人類勞動需求很低的世界的解決方案感覺是明智的，但堅持必須現在就針對那些條款討論似乎愚蠢且短視。

畢竟，現在還有更多具體的問題需要解決。

第 2 章

難以擺脫貧窮的工作

我意識到無條件基本收入
不會只帶給這些人錢和收入，
它也會扮演一種二十一世紀工會的角色，
將權力還給工作者，
並從根本上重新定義他們是企業的投資，
而不只是成本。

無條件基本收入
Give People Money

在離休士頓市中心不遠的街區上，歐提茲一家六口在狹窄的公寓寢室裡醒來，他們短暫聚會幾分鐘，然後分頭行動。孩子要去上學、媽媽約瑟法要去漢堡王上班、爸爸路易斯正在清理傷口，這占去他寶貴的工作時間。之後孩子放學了，媽媽走到墨西哥餐廳開始第二份工作。有個較大的女兒去位於繁忙商業街區的炸雞店打工，她的姊妹則為了趕上功課，罕見的決定休息一天不打工。女孩在晚上九點下班，她的媽媽則是再晚一個小時下班。

幾年前，我深入探訪歐提茲家，因為他們似乎代表速食店工作和更普遍的低薪經濟的一些趨勢。首先是速食店工作十分盛行於年長工作者間。回到一九五〇年代和一九六〇年代，在漢堡店短期打工確實是青少年的暑期工作。但是拜三十年來工資停滯所賜，現在多的是中年人努力緊抓著這種把食物放到桌上的工作，以避免被驅逐出就業市場。二〇一三年，只有百分之三十幾的速食店員工是十幾歲的青少年，百分之四十是超過二十五歲的成年人。有四分之一的人需要養育孩子，將近三分之一至少受過大學教育。在歐提茲家中，每個大到能工作的成員都在賺錢，全家人同時在八份工作中奔波。

第二個趨勢是科技讓工作變得更悲慘和卑賤，而不是變得更少。從很多方面來說，速食店廚房變成非常現代化的奇蹟，充滿了精密設備，以高速且低成本，大量製造完美劃一、絕對可食的漢堡、雞柳條、薯條。歐提茲家的人告訴我，這讓速食店員工的工作變得更乏味、更重複。在漢堡店打工就是在嗶嗶聲、定時器、和數位監控的壓力中按下按鈕。更糟糕的是，「即時生產」系統的排班演算法，讓僱主可以根據需求設定員工的工作時間，讓班表和工作時數變得不可預測。這對家有年幼子女和家境貧困的父母而言，特別是個問題，因為此舉會導致他們無法掌握許多收入波動。通常員工在收到班表不久後就要上班，有時甚至被要求連著上打烊時的晚班和開店的早班。當我遇到約瑟法時，她幾乎連續工作了三個星期。

第三個趨勢是，以歐提茲一家為例的許多速食店工作者，正面對嚴峻的窮困狀況，同時身處現代經濟裡的數百萬人也是。索尼克（Sonic）和傑克盒子（Jack in the Box）之類的速食店裡的絕大多數員工，時薪不超過十二美元，這點錢幾乎不足以讓一個家庭維持溫飽，即使店裡的兩名全職員工也不例外。此外，幾乎所有速食店員工都沒有僱主資助的健康和退休福利，而且這個行業很少有升遷機會。歐提茲一家經常在晚上開始工作或是工作到晚上，努力從時薪十美元、七點七五美元、七點二五美元拼湊出錢。這一家人住在月租五百五十美元的公寓中，他們不斷工作好湊出房租、水電瓦斯費、汽車油錢、和伙食費。路易斯的病情使他們陷入無家可歸的邊緣。

我與歐提茲一家相識，是在參加時薪十五美元的激進抗爭時。這個抗爭是個勞工支持運動，旨在推動給該國三百八十萬名速食店工作人員和其他人加薪，並推派工會代表。二〇一二年，這個運動緊接著在感恩節之後拉開序幕，當天塔可貝爾（Taco Bell）、漢堡王、溫蒂漢堡和其他公司的員工放下工作，聚集在紐約麥迪遜大道（Madison Avenue）的麥當勞前，唱著：「我們要求公平的薪水！」這個運動很快就蔓延到全美，並變成國際性運動，擴展到六大洲三百多個城市。許多僱主以自願提高工資作為回應，美國有十幾個州最後也提高了基本工資。

儘管如此，低薪問題仍然存在。多數窮困家庭都處於失業狀態，但二〇一六年，有九百五十萬人一年至少花費二十七週從事勞力工作，卻仍處於貧窮線下，中產階級一不留神就會走上窮困或危機四伏的道路。隨之而來會產生財務、身體和情緒問題。路易斯和約瑟法談到緊迫和不確定班表的壓力，還有知道孩子成長於被剝奪的環境的壓力。歐提茲家的一個女兒在結束炸雞店的工作後，爬進路易斯的車裡，她跟我說，她常常沒有吃晚餐。「聞到雞肉的味道就飽了。」她說。

現在的美國充斥著貧窮的工作者、無產者、被拋下的人。我們不再面臨就業危機，在經濟大衰退開始的十年後，現在的經濟已復甦到大約是全面就業的狀況。但是工作根本不像過去那樣給付工資，越來越多家庭努力求生，依靠政府幫他們擺脫貧窮，就像美國夢永遠不可能實現，甚至是在機器人取代我們的所有工作之前就這樣。

看看不平等。根據著名經濟學家伊曼紐爾・賽斯（Emmanuel Saez）和托瑪・皮凱提（Thomas Piketty）的數據資料顯示，後半部收入者的總收入占比，從一九七九年的百分之二十，降到二〇一四年只有百分之十三。另一方面，最高的百分之一收入者的總收入占比，已經從百分之十一上升到百分之二十。餅變得越來越大，而最富裕的家庭分到的也越來越大塊。我們也可以透過追蹤過去二十年或三十年停滯的中產階級家庭收入——即使經濟有大幅成長——來看出這問題有多嚴重。還有另一個方式可以看出來：中產階級正在萎縮，這群人的總收入已經下降。同時，窮人變多了，他們基本上根本沒有任何收入。有些東西正在傾斜平衡，讓利益遠離勞工和人民，轉向資本和企業靠攏。

我花了很多年的時間，報導收入分配低於四分之三的家庭持續存在的問題，而且多年來也一直討論政策制定者可能幫助他們的方法。例如，民主黨人希望有普及的醫療保健、提升最低工資、和大學免學費。共和黨人則希望削減企業稅來鼓勵投資，並減少官方行政程序來幫助企業成長。但是服務業僱員國際工會的斯特恩和其他人，特別是更偏左派的人，開始主張需要更激進的解決方案。民主黨人已經開始談論關於更多的工資補貼，甚至政府的就業補助計畫。無條件基本收入就包含在那些更有力、更即時可用的提議中。發給所有美國人的補助金可以提供經濟所需、強而有力的穩定條件，而且提供激進的方法讓工人重新回到經濟體系中。這不僅是給充滿機器人的未來的緊急政策，也是給現在所用。

我想，像歐提茲這類家庭需要更多、更好、更立即的幫助，而且無條件基本收入會是一個確定他們能得到援助的方法。

▪ ▪ ▪

過去四十年左右，一些互有關聯的趨勢聯手造成了工人所得的降低，以及投資階層和企業財富收入的增加。

全球化正在沖走像是匹茲堡、底特律、加里（Gary）、托萊多（Toledo）、南本德（South Bend）等地數百萬的好工作。可以確定的是，多數經濟學家將貿易視為雙贏。像美國這樣高收入的富裕國家，進口成本更低，而且有更多勞力和資本被用於更高價值的投資。像越南這種低薪的貧窮國家可以獲得工作、資本、和生產力上揚。但就近代歷史而言，用「雙贏、一贏一輸」來形容貿易可能更為貼切。經濟學家大衛・奧圖（David Autor）、大衛・多恩（David Dorn）與高登・漢森（Gordon Hanson）將「鐵鏽地帶」所發生的事形容為「中國衝擊」。失業率很高，而且當地的勞動市場的調整速度「非常的緩慢」。他們寫道：「一如預期，以國家層面來說，在美國的工業受到更多進口競爭時，就業率就會下降，但抵消就業收益的其他工業尚未出現。」所以好工作一下子就消失了，而且不會再出現。

這場中國衝擊對經濟、心理和政治的損失，直到現在才被充分了解。它造成諸如政治兩極化和離婚率下降等各種現象。越來越多沒有學位的年長白人正步上「絕望死」（deaths of despair）[9]的境況。普林斯頓大學經濟學家安・凱斯（Anne Case）和安格斯・迪頓（Angus Deaton）發現，儘管經濟成長且醫療保健進步，但死亡率實際上是在增加當中。他們的研究說明，「白領、受過高等教育的勞工

⑨ 普林斯頓大學經濟學家安・凱斯將自殺、用藥過量、酗酒等死因稱為絕望死，歸咎原因可能是對現實失望、對未來不抱希望，而走向自我毀滅。

階級，在一九七〇年代早期達到巔峰後就崩潰了，而且這場衰退還伴隨著各種病變。」

製造業工作的消失，導致私人部門員工工會的比率大幅衰退，這也是導致薪資停滯和糟糕工作的另一個主要因素（這些位於底特律和匹茲堡的工廠都傾向擁有強大工會）。一九五〇年代，有百分之三十幾的工人加入工會，這樣可以幫助他們以談判來取得更高的薪資、更好的福利、更多家庭照顧假和病假、和改善工作條件等。現在，只有百分之五的人加入工會。如果二〇一三年私人部門的工會密度與一九七九年一樣，工人每年平均可以多拿到二千七百零四美元。

這不僅是因為工會對會員薪資有直接影響，也要感謝工會組織對整個勞動力的間接影響。如果企業A提供時薪十五美元附加工會福利，企業B就需要提供相符的條件，以吸引相同水準的員工，無論員工是否加入工會。此外，工會化的衰退已導致每年私人企業的非工會成員的男性損失超過一千億美元工資，而這也解釋了為什麼他們會有三分之一的人出現薪資不平等成長的狀況。中左派（指非極端左派）的智庫經濟政策研究院（Economic Policy Institute）發現，這可能是男性中等收入者處於薪資停滯和薪資不平等的最大單一因素。女性當然也無法避免這些趨勢，她們每年總共損失了二百四十億美元的薪資，而工會成員則有五分之一出現薪資不平等成長的狀況，並因而減損收入。

有鑑於女性是典型的低薪工作者，另一個主要影響女性的趨勢是最低工資的實際價值下降。二〇一七年，聯邦最低工資為時薪七點二五美元，加計通貨膨脹的因素後，大約比一九六七年低了百分之八。如果加上醫療保健、兒童保育、和住房等暴漲的成本，以努力營生的歐提茲一家為證，這數字要讓勞動者家庭脫貧實在是太低了。收入在第十和十五百分位之間的女性工作者，其被侵蝕的薪資成長差距約是最低工資實際價值的三分之二，這代表現在工作者的每周收入應該要介於七百五十到一千八百美元之間。對所有工作者來說，這解釋了一半的薪資成長差距。

過去幾年，許多州和城市都加入了提升當地最低工資的計畫，爭取時薪十五美元的抗爭活動引發了更廣泛的工人加薪活動，而且共和黨和民主黨都出手推動加薪活動。這存在已久的問題，即使在城市和州政府輪番對其採取行動都未能有效解決，經過抗議、集會、長篇報導、晚間新聞片段、和國會聽證的輪番行動後，終於引起注意。田納西州的積極活動分子和衛生工作者絲比雅．柯曼（Sepia Coleman）跟我說：「時間不是問題，薪水才是。」她努力照顧生病的母親。「我一周無法工作一百二十個小時！如果不是薪水的關係，工時根本不會是問題。」

二〇一七年，由於最低工資提高，四百萬名工人的收入增加了，西雅圖、洛杉磯、舊金山、和華盛頓一舉提高最低工資到時薪十五美元。即使是這樣，有大約三百萬名工作者仍舊領取聯邦最低工資，而且在許多消費高昂的大城市，最低工資依然不高。

工作者收益不高的原因中，較少被預示、被理解的是大企業的控制權——壟斷或具有壟斷權的公司——不斷成長，以及越來越少競爭者的市場相對增加。在二十世紀前半葉，政府將壟斷視為對民主有力的威脅，並迫使世上的電信公司如「貝爾媽媽」（Ma Bell）和「標準石油」（Standard Oil）這類公司解體。正如一九三八年羅斯福總統對國會發表的一篇演說：「如果民眾容忍私人力量成長到比民主國家更強大的地步時，那麼民主的自由就是不安全的。從本質上來講，這就是法西斯主義。」但就在這些工作都被外包到中國時，政府開始改變對壟斷威脅的想法。曾受雷根總統提名為最高法院大法官卻未通過的羅伯．波克（Robert Bork）於一九七八年的著作《反托拉斯悖論》（*The Antitrust Paradox*）中主張，企業合併能提供更低的價格、提升更好的業務效率使消費者受益。他認為，政府應該停止將焦點放在確保為競爭而競爭，而是要將目光專注在消費者的福利上。

華府對此表示同意，並且及時讓公司更容易將供應鏈和競爭對手買下。由於那些法律的變化和華爾街財富的增加及利潤的吸引力，像是醫院、農業、電信業、卡車運輸業、保險業、航空業、銀行、能源業等，所有主要行業都可見重大合併。即使是披薩外送，也為少數主要商家強勢把持，像是必勝客、達美樂、小凱薩（Little Caesars）、約翰爸爸（Papa John's）等，占有美國國內超過三分之一的披薩市場。

這可能並不明顯，但經濟學家認為這導致收入不平等和工資停滯。隨著越來越少公司需要員工，越來越少潛在的僱主會聘僱員工——特別是在普遍沒有競業限制合約的產業，即使是低薪、卑賤的速食業也是。此外，合併產業傾向由較老的公司控制，吞掉較年輕、更有力的競爭者。頻繁換工作——當工人跳槽時會有加薪談判——是薪資成長的一個重要原因，但現在被大企業獲利成長所侵蝕。

越來越集中化也加劇了你可能想到的「獲利不均」。在過去四十年，少數公司變得更加富裕，它們的收益成長速度遠超過其他獲利能力較差的公司。這表示少數公司賺了很多錢，但在此同時，大多數公司的大多數人並沒有。雖然上市公司的管理階層已變身超級明星經濟的一員，他們的收入軌跡與一般人的很不一樣，但事實上，大部分收入不平等的部分是不同公司的薪資差異，而不是公司內部。長時間以來，一家公司的管理人員與警衛的薪資比率並未真的有太大改變。

然而，公司很少會再僱用警衛了。在利潤不平等提升的同一年，在降低工資和縮減一般人平均收益的影響下，僱主和員工間的關係似乎也改變了。幾十年前，公司開始將與「核心競爭力」無關的工作外包，例如發薪、餐食服務、美化環境、預訂旅遊、法律工作、和人力資源等工作。在某些狀況下，公司根本就停止僱用許多員工，轉而採用特許模式，這方法降低公司責任、增加利潤、並使華爾街那幫人感到高興。這意謂著很多雖然支持企業使命、但對公司來說並不重要的人，已經看著他們穩定、承載收益的工作消失；有退休金、病假、和有薪假的日子已不復見，現在是採時薪制、沒有工作保障的日子，替大公司工作，但不在大公司任職。

這所有一切都促進了派遣工作的興起，有隨時待命的工人、契約工、自由工作者、或臨時工（有些經濟學家也將打工的僱員包含在內）。針對這種替代性工作的統計數值差異很大，很大一部分原因是政府在執行一次性調查後，並沒有追蹤二〇〇五年到二〇一七年間的派遣工作情況。儘管如此，有幾個研究也同意，從過去三十年或四十年來，特別是在過去十年裡，派遣工作已經從原本的沒有多少，發展成非常多。根據一項估計，二〇〇五年至二〇一五年期間，從事「替代性工作」的工人比率從百分之十爬升到百分之十六。根據聯邦準備（Federal

Reserve）的一項調查顯示，三分之一的成年人「從事非正式的有償工作活動，以補充或替代更傳統或正式的工作安排」。在這些人當中，大約三分之一在網路上銷售新的或二手商品，有些人則打理家務、美化環境、擔任助理、或做像是聖誕節時在當地購物中心輪班的季節性工作。

有件事是確定的，那就是臨時工會得到一份新工作。與具有傳統聘僱合約的工作者相比，他們每個月的失業率高出了好幾倍。他們的時薪少了百分之十一，每年的收入少了百分之五十。他們更有可能陷入窮困處境。而且他們更可能獲得政府補助，由納稅人給付企業不願意承擔的費用。有個從事勞工活動的人問我：「這些公司應該享有租稅減免嗎？他們是否應該得到所有補貼，還有所有我們給他們的東西？然後他們的員工還住在低收入住房、領著食物券和補助？」

■ ■ ■

在一個陽光普照的春日午後，我和幾位優步司機一起坐在匹茲堡漢堡店後方，就著薯條和啤酒，談論「零工經濟」（gig economy）。他們所有人都以優步工作維生，有時候要很努力才能做到可以維持生計的地步。他們有車子的問題、付帳單的問題、獲得醫療保健的問題、保險的問題、嘗試儲蓄的問題、取得食物的問題。

如同許多「鐵鏽地帶」的城市，匹茲堡也因製造業工作流失而受到損害。在某種程度上，優步已經為這座城市提供救贖，創造數千個優步司機這種彈性的共乘零工工作，還有在當地的先進技術集團（Advanced Technologies Group）辦公室裡，提供少量給科學家和技術專家的高薪工作。不過說是救贖似乎有點荒誕，因為這種共乘工作付給司機的錢並不多，而且搶走城市計程車和低廉區間車的司機的工作，至於在先進技術集團辦公室裡的那些高薪工作職務，在某種程度上，是為了完全消除對人類司機的需求。

司機表示，司機的收入不高這個問題最為緊迫。當地社群組織團體「一個賓州」（One Pennsylvania）執行長艾琳·克萊默（Erin Kramer）正跟我們一起吃漢堡、喝啤酒，她說：「他們直接關心的就是他們現在的體驗。這些人抱怨他們甚至不被視為員工、不被重視。」

司機們以生動的細節解釋原因和狀況。優步司機海瑟·史密斯（Heather Smith）跟我說：「有越來越多人跳上Lyft和優步，特別是優步。為了得到更多乘客，優步給乘客打折或是不收服務費。當我看到帳款細目時，基本上我看到的是他們付錢給他們自己，然後拿走一半的服務費，之後才付錢給我。我說：『去你的！掰掰，優步。』」

她告訴我，擔任Lyft的顧問確實賺到一些錢。她說：「好吧，他們並沒有補貼我打電話之類的東西，但是每次我與人會面並進行一次指導會議，通常是三十分鐘、最多四十五分鐘，然後單單那場會議我就會得到三十五美元。」

「這收益真不錯。」我說。

「如果你能讓他們排隊，你就真的可以做得很好。」

「這樣夠在匹茲堡生活嗎？」

「不夠。」

像優步這樣的公司可以付很少的費用給員工，因為它們通常沒僱人。根據需求，零工經濟公司通常不會僱用他們的駕駛、購物者、或送貨員，而是將他們歸類為承包商或購買他們的服務。這表示公司不受最低工資法規的約束，它們不需要替工人移轉工資到失業保險基金或社會福利中，也不需要提供全職的工作人員醫療保健。

許多優步和Lyft的司機覺得公司誤導了他們，公司承諾，如果不是以傳統方式聘僱，會以某些方式補償他們。「當你註冊時，他們稱你為合作夥伴。」四十歲的優步司機賽斯・麥格拉斯（Seth McGrath）這麼說，桌邊的所有人都點頭。「這根本不是真的。他們跟你保持距離，對吧？你不能打電話給他們任何人。你不能跟任何一個有血有肉的人講上話。」

突然興起的零工經濟，在許多方面就像是過去半世紀工作場所趨勢的完美典範。私人募股的合作夥伴和風險資本家已經將數十億美元投入新創公司，企圖破壞實體企業，它們躍過工作場所的保護措施、支付一點點錢、沒有僱用員工，而且沒有提供福利或工作保障。優步是這些公司裡面最大、最顯眼的。其他像是自由工作者的市場服務平台Fiverr、優步的共乘競爭者Lyft、雜貨送貨公司Instacart、和現在隸屬於宜家家居公司的雜務服務公司「跑腿兔」（TaskRabbit）。沒人真的知道有多少人替這些企業服務，這些工作人員的組成既多樣又混亂，且規模快速變化，但估計高達四千五百萬人。

對於所有這些新創事業而言，基本的商業模式是一樣的。公司提供一個用網路或手機為主的平台，可以輕鬆且不斷的擴展到新的消費者身上。這個平台個別提供產品或服務的連結到尋找該項產品或服務的消費者身上，可能是乘車、買個三明治、或是幫忙換掉消費者碰不到的燈泡。由公司主持搜尋、允許配對，然後建立商品交易或提供服務。公司安排好付款，並分一杯羹。

這筆款項通常真的很少。就優步曾吹捧的統計表示，在紐約加入UberX方案的全職司機，年收入平均值是九萬零七百六十六美元。「UberX的司機夥伴是橫跨全國各地的小型創業者，當司機有可持續性和收益性。」公司在部落格的貼文開宗明義就這麼寫著。「相反的，全國的計程車司機通常居於貧窮線之下。」但是司機自己對那些數字心存疑慮，特別是在二〇一六年優步公司降低費率之後。「紐約優步司機組織」（Uber Drivers Network of New York）在給優步公司的公開信上寫道：「你創造了一個將司機作為消耗品的文化，你已經讓公司和整個行業的消耗性司機飽和，幾乎不可能讓任何一名司機獲得像樣的收入。」有些人說他們的時薪遠低於基本工資，只有三美元這麼少。

麥格拉斯跟我說：「一晚的最低收入是一百五十美元。」他解釋如何把小女兒放上床，然後出去接大學生。扣掉稅金、汽油費、車子的費用後，他口袋裡只會剩下一半的收益。

這不是說包含優步司機在內的零工經濟工人都沒有好處。許多人都讚賞共享汽車服務工作所提供的靈活性。他們說自己經常用優步來平穩收入，在他們其他工作收益較低時就上路工作，收入較充足的時候就少開一點。我問麥格拉斯，他在匹茲堡是否有其他選擇可以用來補充他的收入。為什麼他會選擇優步這項工作，而不是選擇當自由工作者或在當地商店輪班？他回答：「我有車，我買得起額外的保險。我把車子保持得相對乾淨，這對一輛七年老車來說是有點難做到。對我來說，這有時間上的彈性，而且〔真相是〕進入門檻真的不高。」

零工經濟公司公開推崇這種彈性和獨立性，以現今千禧企業家的勝利者自居，而非使無產階級者僵硬不變的公司。然而，私底下，卻積極阻撓獨立。優步告訴它的司機，他們必須要有什麼樣的車、設定薪水標準、指導他們如何管理顧客、如果他們的星級評分過低就會被開除，甚至告訴他們如果有人在車內嘔吐該怎麼處理。許多司機覺得這就像是一份工作，如果不是非常好，就寧願成為自由執業的零工工作者。

越來越多的政治家和勞工專家認為，零工經濟並不是真的符合受到推崇的兩個特性。政府或許需要為「依賴承包商」（dependent contractors）創立一個新標準，這些人依靠企業，卻不為企業所聘用。例如，政府可以向聘用一千零九十九名零工工作者的企業徵收附加費。這些資金可以用於支付失業保險、工殤賠償、和其他基本福利。同時，美國政府可以要求企業按請求補償工作者基本費用，並以當地基本工資來計算時薪給工作者。如此一來，企業需要更妥善追蹤工作者的時間，此舉也可能提高消費者的花費，但這將會改善零工經濟最糟的問題之一

——就是只付給工作者一點點費用——而不會消除此商業模式。

另一個更全面的解決方案是，政府可以建立一個按比率分配的基本福利制度，透過扣除所有人的薪水來支付津貼，無論金額多寡。這個福利系統可以包含病假、產假、陪產假、退休儲蓄、失業保險、和工殤賠償。企業家尼克・漢諾爾（Nick Hanauer）以及勞工組織者大衛・洛夫（David Rolf）在《民主》（*Democracy*）期刊中，對這計畫有詳實的看法，他們認為一個「共享的安全系統」，將有助於確保通往中產階級的途徑，並且不會壓垮新生企業，或成為彈性、兼職工作興起的障礙。

提高勞工水準也會有所幫助。嘉莉・葛里森（Carrie Gleason）在當地組織團體的保護傘「大眾民主中心」（Center for Popular Democracy）裡，指導「每周公平工時倡議」（Fair Workweek Initiative）。她曾努力推動公司停止任用派遣員工、「即時生產」系統，並且說服地方政府禁止公司有這些舉措。她跟我說：「我們不只需要更能持續的工作排程表，還需要更能支配工作周的方法。」

這些改變雖然有用，但是對於二十和二十一世紀工作者權力的嚴重損失並不能有所改善。這些改變對處理左派青年喜歡稱為「晚期資本主義」（late capitalism）的根源是沒有用處的，那個時期的特徵就是受企業所控制、社交媒體無所不在、糟糕的工作、和某種後現代的諷刺宿命論。這些改變並不會解決「鐵鏽地帶」的就業市場問題。這些改變並不會為了應付老化的嬰兒潮所需要的居家照護工作，還有讓身體疲憊和情緒痛苦的工作，就終結低廉工資。這些改變不會援助在緊急情況下無法拿出四百美元的家庭，這些家庭占全美家庭數的百分之四十六。這些改變不會將歐提茲一家推向中產階級。

換個角度想像一下，如果歐提茲一家每個人每個月都收到沒有附帶條件的一千美元或甚至更少錢，會發生什麼事。可以肯定的是，家裡大到可以工作的成員將不會停止工作——這並沒有給這個家庭送每個女孩上大學的奢望、也無法支持他們的大家庭、和建立一個穩定的生活。但是父母可能會拒絕那種糟糕的工作狀況。家裡的青少年或許可以建構他們的時程表，這樣家人在白天的碰面時間就可以多一點。更小的孩子或許可以有更多時間享受跟姊姊們和父母在家相處，還有更多時間做家庭作業和玩遊戲；徘徊於貧窮線邊緣的心理緊張和身體壓力的最糟情況可望解除。

當我與匹茲堡司機坐在一起，還有拜訪歐提茲一家時，我看清了他們面對的不只是收入太低的問題，全美各地的工作者也一樣。更多的是攸關生死，有錢就有權。速食店員工和司機感到不被尊重，他們覺得被利用、被忽略、被無視。

五十年前，這些工作者可能是工會的一分子，會表達他們的集體願望，並確保良好的工資和福利。但是絕大多數的優步司機不會是工會的一分子，而歐提茲一家會因為與勞工組織者的關係而受到騷擾和威脅。克萊默的組織做能做到的，但是無法組織罷工或談判合約，也無法確定「十五美元」抗爭活動能讓漢堡王尊重員工。克萊默跟我說：「這些工作都可能會消失，它們從來就不是好工作，而且公司也沒有以惜才之心來對待員工。」

我意識到無條件基本收入不會只帶給這些人錢和收入，它也會扮演一種二十一世紀工會的角色，將權力還給工作者，並從根本上重新定義他們是企業的投資，而不只是成本。有了基本收入，工作者就可以拒絕接受低薪工作。有了基本收入，工作者就可以要求更高的工資。有了基本收入，公司得透過競爭贏得員工。服務業僱員國際工會的斯特恩告訴我：「這就像是為人們設立了永久性的罷工基金，改變了權力動態。想像一下，如果你是個年輕人，要打電話詢問是否能獲得H&M或Nike時薪八美元的輪班工作。現在，想像一下，如果你不需要那麼做。」

此外，無條件基本收入會是福利的一個形式，激勵中產階級薪資，取代現行補貼貧乏薪資的體制。麥當勞的資深員工南西．薩爾加多（Nancy Salgado）有兩個孩子，十年來都領最低工資或接近最低工資的薪水，她在幾年前打給公司的求助熱線「麥資源」（McResource）。她希望公司能幫她加薪或提供她公司資源，但接線生反而建議她如何申請食物券和供暖協助，並透過醫療補助計畫的細節向她說明。換句話說，不是利用豐厚的公司利潤來幫助員工，而是將她送往救濟處。

這個巨大的社會成本轉由納稅人買單，而企業的基本收益則往上提升。有個針對速食店第一線員工的研究發現，超過半數員工加入公共援助計畫，這個比率是整體人口的兩倍。國家為那些員工在醫療和兒童健康保險方面花費了將近四十億美元，還花費超過十億美元在食物券，並透過所得稅扣抵給予將近二十億美元的薪資補貼。另一項針對「低工資的高公共成本」的更廣泛研究發現，政府每年給予工作家庭大約一千三百億美元的補助。

其實不需要這樣。無條件基本收入將是此時確保勞動者在經濟中扮演主要和重要角色的一個方法。克萊默說：「我們是對的，我們在道德上是對的，我們在經濟上是對的，我們的牧師知道我們是對的，我們的老師知道我們是對的，我們的醫師知道我們是對的，但那與權力有關。我們有權力去破壞『進步』嗎？只因為我們在這個進步正發展成的未來裡沒有價值。」

沒有價值就是沒有價值，休想總能占有一席之地——即使矽谷對他們的創新所帶來的潛在勞動縮減過度悲觀，就算矽谷對他們的技術改革潛力希望過於樂觀，搭乘優步汽車時，我看到該公司的一輛無人駕駛汽車。無條件基本收入或許可以幫助低薪的工作者，那沒有工作的人呢？如果你是一名年薪六萬美元的卡車司機、或年薪二萬四千美元的速食店員工、或年薪一萬美元的夜間優步司機，當你失業時拿到政府給的失業給付，還告訴你要開心，你作何感想？被新經濟視為無生產力、生計被技術奇蹟破壞，還受到政府政策的援助，你作何感想？

我們美國人的工作觀念是否與無條件基本收入相符？

第3章

對於工作的使命感

無條件基本收入將如何改變我們與工作的關係——
工作到底是什麼？
如果人們有一個可依靠的東西，
不必為了生存而忙於有償工作，
那會是什麼樣子？

在經濟大衰退大幅破壞勞動市場後，我花了很多年採訪、撰寫被稱為「九十九周人」（99ers）[10]的勞工命運。經濟大衰退期間，這些工人在沒犯任何過失的狀況下失去工作，而且耗盡了他們的失業保險給付金，歐巴馬總統甚至還將高失業地區的失業保險給付時間延展至最多九十九周，這讓他們在拖長的謀職期間沒有安全網。

在二〇〇〇年代晚期和二〇一〇年代早期經歷長時間失業的眾多美國人中，「九十九周人」是其中的一群。要是在川普總統時代早期的充分就業熱潮中，回憶起大衰退期間和之後一段時期龐大的失業人口規模，會令人感到十分驚訝。在二〇一〇年的一項調查中，有四分之三的民眾表示自己被解僱，或是有一名親近的友人或家人失業。大約有三分之一的建築工人失業，同時有四分之一的製造業員工也失業。就業人口減少將近八百萬人，在經濟上花了將近七年才恢復所有工作職位。失業強度也非常大。平均失業時間飆升至四十一周，遠高於戰後時期的任何紀錄。另一個紀錄是失業超過六個月的人數，攀升至百分之四十五。二〇一一年末，失業超過九十九周或更久的這群「九十九周人」人數達到百分之十五，更是創紀錄。

失業的時間越長，就越難找到工作。舊金山聯邦儲備銀行（San Francisco

Fed）有項研究顯示，剛失業的人在求職的六個月內，每個月約有四分之一的機會找到新工作，一旦失業超過六個月，機會就會降到十分之一。這個差異在某種程度上反映的事實是，長期失業對招聘主管可能不太有吸引力。工作者的技能往往隨著失業時間的拉長而越來越退步，他們自己也常常變得不愛聯絡和沮喪。此外，一些長期失業者或許已經較少能以搶手或寶貴的技能作為開始。但是經濟學家相信，單純的歧視也是一個因素。企業就只是不喜歡僱用長期失業者。對數百萬名美國人而言，失業本身變成謀職的一項障礙，伴隨著破壞性的後果。

在經濟學家眼中，長期失業會導致「遲滯」（hysteresis），原文出自希臘語，意為落後。長期失業讓工人的收入軌跡永遠處於低薪。如果失業現象普遍存在，就會造成較低的動力、較低的生產力、和較少的聘僱勞力。失業不只是對個別勞工不好，對整個國家的經濟都不好，而且不僅僅是在經濟衰退期間，在之後幾年都是。加州大學柏克萊分校經濟學家丹尼·亞岡（Danny Yagan）發現，相較於美國在經濟衰退期間未受衝擊的地區，受就業衝擊最嚴重的地區目前仍未復原。經

⑩ 指美國失業超過九十九周，且不再有資格領取失業給付的勞工。

濟衰退期間失業率越高的地區，近十年後，該地區工作年齡人口全面就業的可能性就會越小。經濟學家歸結為「一般人力資本衰退和持續的低勞動力需求」。

枯燥的經濟統計數據無法呈現數百萬美國人感受到的毀滅後果。二〇一三年秋天，我與珍娜．巴寧頓－瓦德（Jenner Barrington-Ward）碰面，當時她正在波士頓郊區的朋友家輪流借宿。「我被麥當勞拒絕，因為我太伶牙俐齒。我也被一個洗廁所的工作拒絕，因為我不會說西班牙語。然後我被一家自助洗衣店解僱，因為我『太漂亮』。我也被當面說過：『我們不僱用失業者。』還有個可能的僱主兩度對我表達了興趣，但徵信調查馬上讓這一切結束。」她形容失業的這五年是場「地獄之旅」，從自立、自我實現的中產階級生活淪落成無家可歸者，而且還悲慘貧困。

當我思量機器人末日的可能，和無條件基本收入可能有的假設救助時，我常常想到巴寧頓－瓦德的經驗。她和其他「九十九周人」讓我看到美國人有多熱愛工作，並且從中得到多少成就感和自我價值。雖然失業保險或許可以幫助他們不至於滅頂，雖然保險給付終止後產生的財務壓力可能會很大，但他們最討厭的還是失業本身。他們不想要救濟品，他們想要工作。

就評論家威廉・德雷西維茲（William Deresiewicz）的解釋，每個文明都有其美德。希臘人是勇氣，羅馬人是責任，而美國人是勤奮。美國人認為工作不僅是經濟的必需品，還是一種社會責任和美好生活的基礎——這是每個人都可以始於一無所有、終於富足安全的美國夢的一部分。正如德雷西維茲所言，勤奮是一種「民族信仰」。

至少就西方而言，這在歷史上是多麼的異常，可能值得加以注意。希臘人和羅馬人維持穩定的安逸和沉思生活，亞里斯多德將其視為人類的最高目的。歐洲貴族視自己於純粹的勞力之上，靠他們土地上的收益和其他勞力過活。十六世紀時來到這塊大陸的西班牙征服者，在地球上尋找一塊不用努力營生的土地。但美國是以清教徒和貴格派的新教徒工作倫理為本，視閒散為一種罪過，而且相信個人可以證明他們對上帝的愛，並透過勞動淨化自己。例如牧師、薩林審巫案中倒楣的熱心人科頓・馬瑟（Cotton Mather），他抨擊休息、放鬆、和享受，寫下：「這個城市閒散的情緒非常高漲。閒散，從來就沒有任何優點！閒散對任何人來說都是種污辱。」

打一開始，美國和歐洲社會對工作的態度就不同調。隨著英國貴族從殖民地人民和奴隸的勞動獲得利潤，美國作為一個殖民地的經歷，鞏固了這種對勞動的頌揚。潘恩在其著作《常識》（*Common Sense*）中抱怨：「在英國，國王要做的事只有開戰和授勳。坦白說，這就是讓國家貧窮化，再讓它打起來。一個男人每年能拿到八十萬英鎊，還能受人崇拜，真是門好生意。」美國人也覺得需要透過建立農場和征服西部以取得土地，這兩者都是很需要體力的事業，因而進一步加深勤奮、個人主義、和成功的糾結。

貧富、城鄉、菁英和奴隸：所有人都不斷奮力工作再工作。法國政治思想家阿勒克西・托克維爾（Alexis de Tocqueville）在其著作《民主在美國》（*Democracy in America*）裡，對美國人的勤奮描述如下：

> 在美國，沒有人因工作而墮落，每個人都有工作；沒有任何人因為收受報酬的念頭而感到屈辱，就算是美國總統也要工作賺錢。他靠指揮調度掙錢，其他人靠服從命令。在美國，專業或多或少是吃力的、有利可圖的；但是他們從未有高低之分：每個正派的職業都是可敬的。

或細想一下和托克維爾的論述在差不多時間寫下、出自住在新英格蘭的維也納移民之手的報導：

地球上大概沒有人可以跟美國人一樣，享受工作帶來的滿足和勤奮的樂趣。積極的工作不僅是他們幸福的主要來源，也是他們國家強盛的基礎，但沒有積極工作對他們來說絕對是悲慘的，他們知道的並非「安逸」，而是閒散的恐怖。工作是美國人的靈魂：他們追求它不是為了獲得自己和家人的舒適生活所需，而是作為所有人類幸福的泉源……就好像整個美國都只是一個巨大的工廠，入口處有個閃閃發亮的銘文：「除了工作以外，不准進入。」

這種對勞動的熱愛也證實了白手起家的神話和這個國家一樣古老。班傑明・富蘭克林（Benjamin Franklin）在他的自傳裡，吹噓自己「從貧困和卑微的生長環境中嶄露頭角，在世界上享有富裕的生活和一定程度的名望」，這本非常暢銷的自傳是部帶有霍瑞修・愛爾傑（Horatio Alger）風格的故事。富蘭克林在他所列舉的十三項美德中，警告美國人「不要浪費時間；總是受僱於有用的工作；切斷所有不必要的行動」（順帶一提，謙卑當然列在十三項美德的最後）。

前美國總統安德魯・傑克遜（Andrew Jackson）後來宣揚了這位「普通人」，並且談起他的貧窮出身。他在告別演說時說道：「栽培者、農夫、機械工、和勞動者都知道，他們的成功取決於自己的勤勉和節約。這些社會階層構成美國人民偉大的身軀，他們是這個國家的骨幹和肌肉。」在尼克森、卡特、柯林頓、歐巴馬等美國總統之前，林肯也讚揚了自己卑微的出身：「我並不會羞於承認我在二十五年前是個受僱勞工，我捶壓過鐵軌，也曾在平底船上工作，那就是可能發生在任何窮人之子身上的事！」

工作的美德成為比喻美國夢的一個基本部分，「美國夢」這個詞是歷史學家詹姆斯・特拉斯洛・亞當斯（James Truslow Adams）在一九三一年所創造。這個夢是「每個生活在這塊土地上的人都應該要更好、更富裕、更充實，每個人都能依能力和成就找到機會」。他寫道：「這不只是一個汽車和高薪的夢，而是每個男女的天賦才能應該都要能獲得最充分的發展，並因其真實自我而受到他人的肯定，無論與生俱來的幸運環境或地位。」

美國人對勤奮工作的信念和自力更生的崇拜依然存在並受到堅持，看看我們對以下這些人的尊敬：富蘭克林、革命家弗雷德里克・道格拉斯（Frederick Douglass）、歐普拉（Oprah Winfrey），或是我們對以下幾位出現在小說或影集裡的非英雄人物的著迷：傑．蓋茲比（Jay Gatsby）、斯丁格．貝爾（Stringer Bell）、艾爾．斯維爾根（Al Swearengen）、東尼．沙普藍諾（Tony Soprano）。我們堅信，勤奮工作將讓你領先他人，並帶領你向前邁進，而且這是通往正義繁榮的路徑。我們堅信，我們都得為自己的成功負責，即使在經濟大衰退時期也不能動搖這個信念。

二〇一一年，皮尤經濟流動計畫（Pew Economic Mobility Project）在這個戰後經濟最差的其中一年進行調查，發現美國人引用「勤奮工作」和「抱負」兩個最重要的因素來判斷一個人是否成功。該研究總結：「要取得領先，個人的態度和特質被認為比家庭背景、種族、性別、經濟更重要。」

事實上，美國人認為個人要對自己的經濟財富負責，但世界上大多數的人並不這麼做。根據世界價值觀調查（World Values Survey），有非常多的美國人相信，如果窮人試著勤奮工作就可以變得富有，不過非常高比率的歐洲人不同意這說法。二〇一四年，皮尤的一項調查顯示，許多美國人不同意「生命中的很多成功都由我們無法控制的力量所決定」，不過非常多歐洲人同意。哈佛大學經濟學家阿爾貝托．阿萊西納（Alberto Alesina）和麻省理工學院經濟學家喬治－馬利歐．安格利多斯（George-Marios Angeletos）認為：「美國人相信，貧窮是因為壞的選擇或缺乏努力；歐洲人則視貧窮是個很難擺脫的處境。美國人將財富和成功視為個人才能、努力、和創業的成果；歐洲人則認為運氣、腐敗、和關係占更多成分。」

如果有工作就是有道德，那我們美國人都有道德。以同等地位跟能力的人來比較，我們比其他多數高收入國家的人工作更多時間：我們一年總計工作一千七百八十三小時，超過日本、加拿大、英國、和法國，大約超過德國工作者百分之三十。蓋洛普（Gallup）調查發現，我們對工作的參與度很高，比世上任何其他地區都還高，而且遠超過東亞或南亞的人民。受僱員工「對他們的工作熱情參與且忠誠」。民意調查者的判定是根據對於超過一百四十個國家的員工所做的問卷調查，上面羅列了十二項問題。「他們知道自己工作的範圍，而且尋求新的和更好的方法來達到成果。」超過一半的工作者都說，他們從工作裡得到成就感：工作賦予我們意義。

失業會帶來明顯的財務問題，不但影響深遠，並被證明在經濟衰退期間更有破壞性。國際貨幣基金（International Monetary Fund）的一項調查指出：「這些持續性的收入下降，是由於某些特殊職業或專業領域技能的價值衰退，而這些技能已經過時；是由於尋找一個合適的工作要花費很久的時間，特別是中年工作者；

不過也是由於所謂的『周期性降級』——當工作者從事的工作比他們在不是經濟衰退時期的工作還不理想時。」

但它也伴隨著更微妙、更深遠的一件事。工作提供社會互動。例如，根據羅格斯大學（Rutgers University）的一項研究顯示，跟就業者相較，長期失業者每天的社交時間只有兩小時或更少。工作也對情緒有益。失業者更容易對生活感到不悅，更可能與家人發生爭吵和出現緊張情緒。此外，失業者還更容易生病、沮喪，而且會死得更快。這些影響打擊了下一代。失業者的孩子與就業者的孩子相比，成績較差，完成大學教育的機會較少。

最後，失業成了一種創傷，許多工人都未曾完全從失業中復原。有個研究做出結論：「多數人都出人意料的能好好適應生命中的改變。即使是像家人過世的悲劇事件或罹患慢性疾病之後，他們會回復先前那樣的健康幸福，即使不一定完全。然而，有件事未必如此，那就是失業。與其他負面經驗相比，失業者的生活滿意度並沒有恢復。」

回到一九八〇年代早期，深具影響力的社會心理學家瑪麗．雅霍達（Marie Jahoda）假設，儘管人們大都為了生活而工作，他們也會從就業的「隱性功能」中獲益，包括他們的時間結構、在辦公室的社交機會、穩定工作所賦予的地位和身分，以及對集體目標的感覺。她認為，人們「為了擴大其社會視野、加入他們覺得能貢獻己力的企業、知道自己在社會上有公認的地位並活躍於人際間，所以他們對建構時間的使用和比率，有很深的固定需求」。當失去一項工作，這些功能也跟著失去了，而這種失去會使人受傷。難怪當失業的老人開始形容自己是「退休」而非「失業」時，他們明顯變得比較快樂。

・・・

對無條件基本收入有個主要和發自內心的反對是，它可能會讓、甚至是鼓勵人們停止工作。它似乎就像經濟學入門所說的：不要求任何回報的給人們錢，會降低他們長時間做一份工作的動機。對提供這種補助金的經濟體制的擔憂是個實際問題：如果工作的人更少了，會發生什麼事？如果每個人都拿到社會安全福利金之類的補助，然後很多人就決定要退休了，會發生什麼事？美國人厭惡看到像是食物券之類讓人白吃白喝的計畫、福利計畫，還有甚至是社會安全身障計畫。「工作是種美德」嵌入在我們的稅籍編號裡，與我們的安全網相互交織，刻畫在我們的文化裡。不分貧富，工作都同樣穩定。將人排除在勞動市場外的無條件基本收入可能會被證明是非常不受歡迎的，工作者會不滿他們的稅金將跟無業遊民一樣，還有些人會不滿拿到的是救濟品而非一份工作。

然而，我們對無條件基本收入這類計畫的研究發現，即使是大規模的現金轉移，對勞動市場所造成的影響，也可能低於經濟學入門的分析所暗示，而選擇減少工作的人，可能是為了社會公益的理由，例如養育孩子或去接受更好的教育。換句話說，無條件基本收入不需要讓經濟更僵化、不需要區分給予者和接受者、不需要變成給煩躁、失業民眾的安慰劑。

在所有地方中，這方面最好的證據之一發生在伊朗。二〇一〇年，政府決定削減石油或食物之類的物資援助，取而代之的是直接發錢給老百姓。麵包和汽油突然變得更貴，但是家庭開始收到相當於收入中位數百分之二十九的現金轉帳，好支付或抵銷這些支出。總而言之，這些轉帳金額總計占整體經濟支出的百分之六點五。

伊朗政府擔心這個計畫將「養出乞丐」，但是兩位經濟學家在對稅務紀錄和其他資料的綜合研究裡發現，這個計畫減少了貧窮、削減了不平等，而且沒有鼓勵伊朗人全體退出勞動市場。事實上，有些民眾做了更多工作，因為他們用那些現金援助擴展他們的小事業。經濟學家發現，「除了與勞動市場關係薄弱的青少年以外，我們沒有發現現金轉帳會降低勞動供給的證據，同時服務部門的員工似乎還增加了工作時數。我們所做的，是起碼將這個議題的舉證責任轉給那些主張現金轉帳會讓窮人懶惰的人，並指出需要更多資料和研究來佐證。」

現在甚至有更多的研究顯示，「無條件基本收入」將不會導致一個充斥遊手好閒的人或無業遊民的世界。賓州大學勞動經濟學家馬里內斯庫·馬里內斯庫（Ioana Marinescu）調查了左傾的智庫羅斯福研究所在北美的無條件現金轉帳實驗資料。她發現，「證據並沒有表明，一般工作者在無條件現金的支持下會退出勞動市場，就算轉帳金額不小也一樣。」馬里內斯庫調查住在大煙山山脈（Great Smoky Mountains）保留地的美國原住民部族東部切羅基族印第安人（Eastern Band of Cherokee Indians），該部族在拉斯維加斯擁有兩家由哈拉斯娛樂公司（Harrah's）經營的知名賭場。該部族將賭場收益匯給族人，每年有四千到六千美元。這筆錢對兼職或全職工作而言，似乎影響不大。她也看了阿拉斯加居民的資料，他們像伊朗人一樣，獲得出售該州天然資源的紅利。馬里內斯庫再次發現一個對整體勞動市場的微弱影響，州政府的分紅支票增加了兼職工作者的數量。她總結說：「我們擔心如果無條件提供現金，會讓人們全部離開他們的工作的想法，其實是錯的、被誤導的。」

她也看了美國政府在一九六〇年代晚期和一九七〇年代所進行的負所得稅實驗，當時詹森和尼克森兩位總統的政府尋求更多、更好的方法來處理極度貧窮的問題、乏人聘僱的勞動力、和家庭的解體（負所得稅增加了家庭收入，而不是減少）。在美國電視喜劇《脫線家族》（*Brady Bunch*）演出的那幾年，政府在七個州進行負所得稅試點，這是美國首次進行隨機對照試驗。在大部分的情形下，有些工作成果會衰退。例如，在西雅圖和丹佛進行的大型實驗中，就業率大幅跌落四個百分點。這如果發生在今天的美國，代表工作人口減少超過五百萬人。但是，馬里內斯庫指出，這些研究只看到自己陳述的收入，沒有看到稅務資料。隨著負所得稅到位，人們為了得到更多錢，會有強烈的動機隱匿自己的收入——無條件基本收入是不管收入或就業情況如何都會給錢，所以不會有這個問題。馬里內斯庫總結道：「錯誤的收入報告代表時間效應被誇大了。」

當然，政府可以每個月發放一些金錢的事實會阻礙工作。沙烏地阿拉伯的王子不解民間疾苦，對長時間待在小學工作或從事身體治療工作的勞苦根本一無所知。明尼蘇達州的沙科皮姆地瓦康頓蘇族（Shakopee Mdewakanton Sioux）經營了幾家非常賺錢的賭場，據報導，二〇一二年每個月的分配利潤是八萬四千美元。「我們有百分之九十九點二的未就業者。」一名部族的官員告訴《紐約時報》，任何有償勞動都是「完全自願」的，而非必做不可。然而，數字更少的無條件基本收入似乎並不鼓勵人們成群結隊離職。

此外，在一個多樣化的無條件基本收入和負所得稅實驗裡，很多工作時數的降低，是因為婦女花更多時間照顧孩童、年輕人去上學，而非從事低薪零工工作，而失業者花更多時間找工作。人們有了這類福利，可能也會選擇花更多時間照顧生病的父母、當義工、創作藝術，或花時間陪小孩。那可能導致國內生產毛額更小，還有就業人口比率更低，不過這真的是壞事嗎？經濟統計只能測量它們所測量的東西，不能反映出人類生活的富足。

為了反映出一些所謂的富足，有個基本收入實驗脫穎而出。加拿大的草原小鎮多芬（Dauphin，曼尼托巴省〔Manitoba〕的花園都市）是個緊密的農家社區，許多人家都保留著烏克蘭傳統，一九七〇年代中期，政府提供這裡的所有居民收入保證。這個試點保證沒有家庭收入會跌落到一定的水準之下，從而消除了社區的貧窮。在鎮上經營一家美容院的艾咪・理查森（Amy Richardson）後來談到這場實驗時說：「這把你的收入拉高到應有的地步。這夠在咖啡裡加點奶油。每個人都一樣，所以沒什麼不好意思的。」這個實驗與那些美國所做實驗對勞動市場有類似的影響，就是工作有微幅的縮減，特別是母親和青少年男孩。這對小鎮的健康和活力也有顯著的影響，經濟學家伊芙琳・福格特（Evelyn Forget）發現，住院治療和心理健康診療變少了。她跟我說：「這似乎也改變了社區的價值觀。」

無條件基本收入聽起來就像是一個會破壞勞動力，並將美國轉為退休國家的政策，不過證據難以支持這樣的激進結論。在某些狀況下，無條件基本收入可以真的鼓勵工作，或至少取代一個阻礙工作的福利系統。例如，芬蘭有非常慷慨的失業保險系統，但是人民會被勸阻當兼職零工，因為額外收入可能導致他們失去政府給付。該國社會事務暨衛生部部長皮寇・馬蒂拉（Pirkko Mattila）告訴《紐約時報》：「工作總是應該比待在家領福利還有價值。」因此，芬蘭現在無條件發放給失業者每個月五百六十歐元，約等同六百八十美元，以觀察這項福利如何影響他們與勞動市場的互動。

有一個更大、更廣泛、更嚇人的問題是，無條件基本收入將如何改變我們與工作的關係——工作到底是什麼？如果人們有一個可依靠的東西，不必為了生存而忙於有償工作，那會是什麼樣子？二〇一六年春天，在前文提過的瑞士針對基本收入所進行的公投，有個活動團體在日內瓦市中心的普萊恩帕萊斯大道（Plainpalais Promenade）上貼了一張巨型海報。那是一張世界上最大的金氏世界紀錄證書，它問了一個非常大的問題：「如果有人照顧了你的收入，你會做什麼？」

史考特・桑坦斯（Scott Santens）有個好答案。他或許是世界上最主要的無條件基本收入倡導者：他是經濟安全計畫的參與者；娛樂、社交、新聞網站Reddit的基本收入社群主持人；一個在網路上樂此不疲的啦啦隊隊長；而且如他自己所說的，是一名「關注二十一世紀人類文明與行動結合的可能」的作家。我必須補充一下，他本身也領取「基本收入」。史考特利用Patreon這個網路群眾外包的藝術家平台，賺取每個月約一千五百美元的收入，這只夠讓他自己超越貧窮線，儘管不足以讓他在紐奧良過上舒適日子，但足以讓他掌控工作和生活。「當我沒有基本收入時，我接受五十美元的寫作工作，即使那個工作的研究和寫作會花去我整個星期的時間，因為有五十美元比半毛錢都沒有還好。」他認為。「現在我有基本收入，我知道我的工作有價值，我知道我的時間有價值，我知道我有價值。」

在桑坦斯的心裡，無條件基本收入不是給技術性失業世界的安慰，不是有力的反貧窮措施，不是一種社會紅利，不是提高窮人收入的方法，而是涵蓋了這所有一切和更多：它是一種轉變的範例，將人們從他們完全不想做卻又得做的工作中被解放出來。事實上，無條件基本收入將砍掉心理學家亞伯拉罕．馬斯洛（Abraham Harold Maslow）需求層次理論的底層，也就是空氣、食物、水、和住所，在另一端超越自我。他說，無條件基本收入將給人們一個經濟上的彈性，去做他們生命中想做的事；讓機器人做骯髒的工作，讓人類做想做的事。

他認為：「我們正面臨的，不是一個沒有工作的未來，而是一個沒有職業的未來。我們讓一切回到原點，思考工作能帶來錢。工作不可能沒有錢。只要我們有個貨幣體系，第一個談的就是錢。所以我們需要確保每個人每個月開頭都有足夠的錢能做他內心想做的工作。我們不會沒有半毛錢就開始壟斷。為什麼我們的經濟從零元開始？無條件基本收入接著會允許轉向一個全新的系統。」

在這個範例裡，無條件基本收入並不會逐步修補破產經濟，但它本身就是依勞動量給付的資本主義制度的橋梁。社會將確保每個人的基本需求被滿足，不再將健康保險金、住房、或食物等需求留給市場變化去調整。隨著這些需求的滿足，個體將放手做他們想做的事，不論是投身低薪的困難工作、開創事業、照顧孩童、或做些藝術類的事。最近，像是英國記者保羅．梅森（Paul Mason）、數位經濟專家尼克．斯尼切克（Nick Srnicek）、和未來學者亞歷克斯．威廉斯（Alex Williams）之類的思想家，都為了推動經濟而建立這座橋梁，使用自動化來根絕盡可能多的人類勞動，並利用無條件基本收入與像是全民醫療保健、免費上網、和州政府提供的住房等政策，一起供應生活所需。斯尼切克和威廉斯在他們迷人、激進的著作《發明未來：後資本主義和免工作的世界》（*Inventing the Future: Postcapitalism and a World Without Work*）裡寫著：「最有希望的前進之路在於恢復現代性，並攻擊新自由主義的常識，新自由主義決定了從最機密的政策討論到最生動的情緒狀態等每一件事。這個反支配的計畫只能透過想像更美好的世界來實現——而且超越防禦鬥爭。我們以後工作政治學的形式概述了一個可能的計畫，讓我們自由創造我們的生活和社群。」這個觀點是多麼的重要，值得停下來注意。經濟成長、家庭收入，甚至不平等，將變成比健康、長壽、和繁榮還更不重要的指標。在更多人類繁榮質量指標上升時，國內生產毛額甚至可能下降。

當然，這種烏托邦式的願景不一定或不能立即處理像巴寧頓－瓦德這種人深層的情緒、精神、金融鬥爭，她只是希望有一份會給付報酬的工作。它沒有解決數百萬低薪美國人希望去工作，而且希望他們的孩子去工作的事實，數十年來對經濟、心理、和醫學的研究也沒顯示，人們對他們的職業的參與有多深。它也沒有考慮到允許人們不工作的重新分配制度可能會非常不受歡迎，而且可能花費數十年的時間來改變社會對價值和勞動的理解。例如，在柴契爾夫人的政府上台前，英國「有個失業福利系統，它的成效讓你決定靠領生活救濟金維生。甚至有一首歌：『我要去利物浦，手裡握著UB40⑪什麼都不做』」。諾貝爾獎得主、自由經濟評論家保羅．克魯曼（Paul Krugman）在最近寫道，「這最終成為一個非常不受歡迎的制度，即使是在英國那個政治種族分化都不如美國的地方。要花很長、很長的時間說服一大群有影響力的美國投票者，可以輕鬆選擇不工作的制度是沒問題的。」

有一天，我們與工作的關係可能會改變——而且或許將會落實無條件基本收入。在此同時，全球數百萬人，在美國和更迫在眉睫的其他低收入和中收入國家，仍舊在與馬斯洛需求層次理論底層的需求奮戰。關於無條件基本收入不斷成長、蔓延的談話，不只是來自勞動、進步運動、和矽谷，也不只是來自最富裕國家的最富裕地區。還來自發展經濟學家和貧窮專家，他們認為無條件基本收入是緩解最難忍的剝奪形式的有效、有力方法。

我決定要親自看看它將如何以及為什麼可能是真的。

⑪ 指英國政府在一九七〇和一九八〇年代所發的主要失業救濟金。

第4章

千方百計消滅貧窮的社會企業家

飢餓的人需要食物，所以就給他們食物，對嗎？
當然不對。應該要給他們錢。
需要收入的人得找到一份飯碗，
所以應該提供他們就業培訓，對嗎？
當然不對。還是要給他們錢。
生活在貧困地區的兒童需要接受教育，
因此應該要提供他們學前教育和獎學金？
沒錯，但更好的做法是給父母錢。

非洲國家肯亞西部的維多利亞湖畔有個小村落，距離美國前總統歐巴馬的老家不遠，你若想來到這裡，就得駛離沿路鋪著土堆減速丘的高速公路，順著只有輪電線卻沒有交通號誌，而且布滿車轍痕跡的紅土路往前走。道路盡頭是一座位於中心點的小學，全村只有這棟建築供電。村民的家園向四面八方擴建，先接到牧牛步道，然後再伸入有刺灌木的丘陵。

即使拿肯亞一般農村現況當作比較基礎，這座村落還是被打入窮鄉僻壤之列。它窮到要是有人敢在大庭廣眾下吃吃喝喝，就會被視為粗魯無禮，因為這種行為代表在炫耀家裡有糧食；村中只有一個水龍頭能用，因此婦女只能手提大塑膠桶徒步到湖邊或深窪處汲水；家家戶戶都沒有室內管線配置系統，有些家庭欠缺開挖排泄坑洞的資源，至今仍在戶外隨地便溺；汽、機車很少，萬一村民臨時需要醫療急救，事情就麻煩了；這裡也幾乎沒有灌溉設備和農具，甚至連強壯得足夠拉犁的牛都沒有，因此大部分耕種作業都是純手工。

每個人都忙個不停，不過真正有工作在身的村民沒幾個，多數都靠著燒柴製炭、畜養牲畜、打零工勉強餬口。差不多所有人都生活在世界銀行定義的每日收入兩美元的極端貧困線以下，其中有許多人只有前述金額的一半或四分之一，收入更低者也所在多有。

在一個颯爽秋日，我走訪村長甘迺迪・阿斯旺・阿巴吉（Kennedy Aswan Abagi）的住家，牆壁上張貼慶祝激進組織首腦奧薩瑪・賓拉登（Osama bin Laden）之死、描繪巴拉克・歐巴馬生平的海報。後者在當地被稱為柯基洛傢伙（JaKogelo），意指來自柯基洛村（Kogelo）的人。阿巴吉告訴我那個全村命運可能改變的夏日發生了什麼事。在稍早的夏季某一天，非營利組織「直接給錢」的幾位現場調查業務主管登門拜訪，他們說，這個組織專門在不帶任何附加條件的情況下發錢給居民。「為何選這個村子？」阿巴吉反問，但他似乎從未得到明確答案。遠道而來的一行人就只是想發錢給他們，金額不明，時限也不詳。

全體村民不願輕信，以前他們看過援助團隊來來去去，幾乎所有團隊都是帶著物資而非金錢來到此地，而且許多團隊更帶著獨特的強勢道德要求，舉例來說，懷孕的青少女不得申請獎學金。幾乎沒有人知道誰會得到什麼、如何得到、由誰提供、為何提供等資訊。謠言四起。已是曾祖母的珍妮法・歐爾・歐果拉（Jenifa Owuor Ogola）說：「我們聽說他們是一群兒童強盜犯。」她是村裡最大戶家庭的眾多妻子之一；其他人則忖度，非營利組織「直接給錢」和密謀控制世界的祕密組織光明會（Illuminati）是一丘之貉，會召喚巨蟒毀滅這個村莊；會施展流血巫術（比較仁慈的版本則是，他們聽說，這筆錢可能是柯基洛傢伙自己掏腰包送給大家）。

然而，就在某個涼爽得不像當地季節應有的日子，一支「直接給錢」團隊抵達一處特別的集會所，也就是市公所，所有圍繞在這群陌生人身懷不軌禮物的懷疑論調全都消失了。幾乎每一名成年村民都擠進小學建築附近的藍白色帳篷裡。他們懷著緊張、不安、期待又克制的心情，看著一群混著幾名白種人的陌生人端坐在他們正前方的塑膠椅子上。

他們以教會復興風格揭開這場會議序幕，一邊半唱半誦呼召與回應（call-and-response）模式歌曲、祈禱，一邊介紹長老。隨後，「直接給錢」的現場調查業務主管莉迪亞．塔拉（Lydia Tala）起身致詞，一開口就是這個村落的母語盧歐語（Dholuo）。她說得緩慢、堅決，還會等到在場聽眾都嘖嘖點頭後才繼續往下說。這群訪客來自「直接給錢」，不隸屬任何政黨，也非肯亞或其他任何國家。「直接給錢」總部設在美國，他們透過手機工作，每個人都必須擁有自己的手機，而且不能交給他人，也不能讓其他任何人使用；沒有人可以涉入犯罪活動或恐怖主義。這場會議一開將近兩個小時，眾人眼光越來越緊張，孩童也開始坐不住了。「我們可以繼續嗎？有沒有人聽到睡著了？」塔拉中途稍停片刻開口問，「你們在打瞌睡嗎？」

最後，她將麥克風遞給同事布萊恩・歐瑪（Brian Ouma），後者今天扮演脫口秀天后歐普拉的角色。他開口問：「各位村民，你們快樂嗎？」

他們齊聲大喊：「我們很快樂！」

他又問：「有人能帶領我們唱歌嗎？」於是村民馬上開口哼唱讚美詩。

「各位村民，你們真是金嗓子！你們都愛上教堂，對嗎？太棒了。我也愛唱歌。有一天我在這裡為各位唱歌，是不是？」他說，「你們快樂嗎？」

人群回應：「我們很快樂！」

「這樣就夠了，這樣就夠了，」他開玩笑，「對於剛剛那番話，我只想再補充幾點。」他臉上堆滿了笑容解釋，每一個成年村民都將收到世界各地匿名捐款戶提供的金錢，「每一名登記身分的人，每個月都會收到二千二百八十肯亞先令，約當二十二美元。「你們聽到我說的話嗎？」他對著倒抽一口氣然後瘋狂拍手的群眾說，「每一名在我們這裡登記身分的人都會拿到錢，我說了，是二千二百八十肯亞先令！每個月都有。這筆錢會連續發放十二年。你們說幾年？」

「十二年！」

就這樣，整個村莊一下子就脫貧了。它已經成為一場大膽實驗的頭號受益者，目標是帶領數百萬生活在全球收入金字塔最底層的人口脫貧；有些類似初創企業的非營利組織決心要破壞傳統人道救援產業的做法，它也成為這些機構的測試案例，更是衝著烏托邦理念而來的激進概念驗證，亦即任何人生活在任何地方都應該什麼事也不用做，就可以每個月無償得到一筆錢。「直接給錢」的總部在紐約，絕大部分資金來源是矽谷，它的肯亞計畫啟動全球第一套真人實作的無條件基本收入實驗，亦即提供整個社區無條件的現金，而且保證長期給付。

「直接給錢」這個組織關注無條件基本收入之處與工作無關，當然也與機器人、工會或勞資之間的鬥爭無關，而是如何做到盡善盡美。飢餓的人需要食物，所以就給他們食物，對嗎？當然不對。應該要給他們錢。需要收入的人得找到一份飯碗，所以應該提供他們就業培訓，對嗎？當然不對。還是要給他們錢。生活在貧困地區的兒童需要接受教育，因此應該要提供他們學前教育和獎學金？沒錯，但更好的做法是給父母錢。直接給現金的主張關乎有效性，勝過提供物資或服務，好換取施展大家長式要求的權力，徒增對方負擔。

我聽過另一套有關無條件基本收入的論點，倘若任何慈善捐贈、移轉支付計畫的金額和安全網的努力可以力求簡單、無償，它們就能發揮更佳效果。因此，我發現自己置身肯亞時學到一件事，在南方世界（global south）[12]，現金革命勝過人道主義援助、反貧困計畫，並據此思索，這些教訓是否能適用於離美國更近的地區。

■ ■ ■

直接把現金發給窮人引爆一些顯而易見的問題，從肯亞的村莊到舊金山市區整排的維多利亞式房屋、從瑞士各州到阿拉斯加油田，再從美國原住民保留區住宅到印度的農地。世界各地都看得到。

首先，難道它不會讓人變得懶惰，實際上是花錢讓他們從此不工作嗎？難道它不會淪為共和黨老是掛在嘴上，從安全網變成吊床的後果嗎？正如我們所見，這套論點在高收入國家無法得到確切的證明，在開發中與全世界最貧窮的國家亦然。最近有一群傑出的經濟學家檢視隨機控制試驗（randomized control trial）成

⑫ 美國學者菲利普．詹金斯（Philip Jenkins）提出的概念，以南方世界代指非洲、亞洲和拉丁美洲，北方世界則指歐洲、北美和日本。

果，挑揀宏都拉斯、印尼、摩洛哥、墨西哥、尼加拉瓜和菲律賓政府推行的現金移轉計畫。他們發現，無論男女，接受現金對工作時數或習性都沒有影響；實際上，在某些情況下，現金移轉計畫似乎還激勵男性產出更多。另一篇廣泛全面的研究中確實發現，接受現金移轉的族群減少工作，但主要是反映出銀髮族與照顧受撫養家屬退出；換句話說，這種結果值得慶幸。

好吧，所以也許大家還是會繼續工作，不過，難道大家不會亂花錢嗎？要是他們全都揮霍在酒精、毒品與香菸，那不就有損計畫本身預期的打擊貧窮之效嗎？這種說法聽起來很像是美國在管控鴉片類藥物氾濫時會浮現檯面的擔憂。這股憂慮還會跨文化蔓延。一位尼加拉瓜資深政府官員擔心，資金從現金移轉計畫撥出後，「丈夫會等妻子回家，好向她拿錢去花天酒地。」

僅再次強調，有大量證據顯示結果截然相反。最近，兩名世界銀行研究員檢視世界各地十九項現金移轉計畫相關研究，其中並無證據顯示收到現金的人消費更多非必需產品（其中一項研究揭示，秘魯的現金移轉計畫使得「糖果、巧克力、軟性飲料和餐館飲食」適度增加了。不過，誰會捨不得讓世界上那些窮人享有小小的樂趣？順帶一提，這項研究明確發現，計畫並未刺激酒精消費）。

儘管如此，除了菸、酒，一擲千金之道何其多，究竟是什麼原因阻止人們亂花錢？這是肯亞村莊普遍關注的問題，畢竟它是許多非營利機構捐款者、經濟學家和政府檢視現金援助計畫潛力的重點地區。村民在市公所歡慶一番後，嚴厲警告立即隨之而來：村民必須將錢花在生產性投資的刀口上，好比山羊、牛隻和摩托車，而非大而無當的東西。坐鎮校董事會的理察・歐路羅（Richard Olulo）警告群眾：「男人掙錢，錢卻會讓男人失心瘋。」

關於這一點，證據十分充足並讓人放心。最近英國的非官方獨立研究機構海外發展研究院（Overseas Development Institute）完成全面審查現金移轉的文獻報告，並彙總全球數百萬名受款人的數據資料。結果顯而易見，就學情形改善、牛隻和農業設備等生產性資產自有權更高、營養不良的個案減少、儲蓄增加、童工減少，化肥和種籽也擴大使用了。審查報告總結：「證據反映出現金移轉政策工具的強大程度，也凸顯受益人的潛在利益範圍。」或許最重要的發現在於——就算是重複論點也請容我贅述——現金打擊貧窮的成效極佳。

尤有甚者，非營利組織「直接給錢」主張，對於受款人來說，現金比食物、蚊帳或體育設備之類的等價實體禮物更有價值。就算你餓了，也不可能吃蚊帳；一旦你住的村莊被地區性爆發的腹瀉攻占，足球對你來說毫不值錢。「你要是去過那裡，除了現金，再也想像不到還能做些什麼事情。」非營利組織「直接給錢」共同創辦人之一麥可·費伊告訴我，「開口問某人是否需要現金或其他物品，實在是一件很難啟齒的事情。他們雙眼盯著你，就好像你問了一個惡搞問題。」

當然他們想要現金。

■ ■ ■

非營利組織發放現金給全世界最貧困族群的想法，第一次出現在費伊和其他幾位共同創辦人保羅·尼浩斯（Paul Niehaus）、羅希特·萬丘（Rohit Wancho）與傑洛米·夏皮洛（Jeremy Shapiro）之間的時間點，是在他們都還在麻省理工學院、哈佛大學攻讀博士班的後期，當時馬克·佐克伯才剛與室友共同創立臉書。（當我問費伊，他們有沒有在劍橋鎮來一場初創企業的浪漫邂逅？他回答：「我們當然從來沒有機會在同一間宿舍聊天打屁啊。」）

不過，就當時來說，在赤貧國家發放現金援助幾乎是不可能的任務，因為一旦離開主要城市，幾乎就沒有任何銀行基礎建設，也沒有人遞送郵件到肯亞偏遠農村。親手將肯亞先令奉上還得多派出大量額外人力，更別提這種做法會招來貪官和盜賊覬覦。不過，科技另闢蹊徑。二十一世紀初期，大量生產超便宜的手機配上預付卡方案湧入撒哈拉以南非洲，很快地，頗具生意頭腦的肯亞人、奈及利亞人和迦納人開始將他們的儲值分鐘數當作一種貨幣，用以幫助家人、付清當地商家的費用，並收取海外匯入的錢。電信龍頭沃達豐（Vodafone）和英國國際發展部（British Department for International Development）決定讓手機之間轉匯先令更簡便，因此協助推出名為M-Pesa的行動支付服務，結果是，肯亞當地電信龍頭Safaricom無處不在的綠色小屋搖身變成小銀行，民眾可以在此為手機儲值，也可以轉匯給其他人。

費伊和幾位朋友經過數十次的電郵往返、一同在學生餐廳共進晚餐，加上哈佛廣場辦公室的漫聊後，決定要架設一個網站，向全美國捐款人募資，然後透過M-Pesa服務轉寄到赤貧的肯亞人手中。受款者將有權力決定花在他或她想要或需要的物品上，而非接受援助組織提供的任何實物贈予。費伊飛到肯亞探測這項想法的實用性。當時，全國大選落幕後曾發生暴力事件，許多居民被迫離家暫居在帳篷裡，他就在外頭轉來轉去；他搭乘搖搖晃晃似將解體的巴士，造訪一個又一個村莊，提供當地居民手機晶片與現金。這個四人團隊開始相信這種做法會成功，於是拼拼湊湊整套計畫。幾年後，他們結識一位有力人士，為他們牽線、拜會網路搜尋之王Google旗下的贈予機構Google.org，拿到二百四十萬美元善款。起先是數千名肯亞人，然後是烏干達人與盧安達人都開始收到來自矽谷的現金。

這家非營利組織總是將低開銷、數位優先擺在首位，使用微軟工作表的巨集程式和Google虛擬地球儀的影像。「我記得最初認識非營利組織『直接給錢』的第一件事，就是他們使用衛星圖像觀看房舍變化。」直接給錢的捐款戶之一是線上影音分享軟體Instagram創辦人麥克．克雷格（Mike Krieger），他指的是新修整的屋頂與其他翻新工程，「這種做法絕對就像是科技公司解決問題的手段。」

費伊說：「我們視非營利組織直接給錢為連結捐款戶和個體的平台。」就和汽車共享軟體優步沒兩樣，但只做現金移轉；也和民宿網Airbnb相同，但聚焦在人道救援。

▪ ▪ ▪

在肯亞，我得以親眼目睹非營利組織「直接給錢」的作業流程。一開始它先找出一個高貧困率的村莊，判斷標準之一是茅草蓋的屋頂數量。接著便派出塔拉、歐瑪這幾位會講當地方言的現場調查工作人員拜訪當地領袖，詳談「直接給錢」打算做些什麼事；再來就是召集全村鎮居民舉辦說明會。當某個特定村莊加入計畫了，「直接給錢」就會聘僱當地居民協助完成人口普查，例如確認符合條件的家庭、將他們登記在名冊上，並蒐集生日、職業之類的基本資料，然後就是工作人員接手，陸續為每一名受款人準備轉匯流程。

隨著氣溫逐漸升高，兩名「直接給錢」的現場調查工作人員琳達・歐娃（Linda Orwa）、貝索・翁元朵（Bethwel Onyando）席地坐在年紀稍長的查理・歐馬力・艾格（Charles Omari Ager）身邊。他身穿美國拉斯維加斯當地賭場柯特茲（El Cortez）的襯衫、手戴嬰兒粉色系的數位表，一臉狐疑地檢查全新諾基亞（Nokia）手機。他解釋，直到那時為止，他的收入來自幫助兩名寡婦照料牲畜，然後借用別人的M-Pesa帳戶將錢轉匯給住在另一個社區的妻子。他自己對使用手機毫無概念。

歐娃為他示範如何上下捲動手機的小螢幕、檢查訊息。「我們試圖避免讓他把手機交給其他人，請對方示範在哪裡可以找到他的錢，」她傾身對我說，「我們試圖避免他把電話交給其他人幫助他找到他的錢，因為要是他這樣做了，就會自曝弱點。」

她和他用盧歐語聊起天來，「這筆錢將會持續長時間匯進來，所以你應該自己努力學會轉匯、提款，」她說，「每天都花時間練習，直到牢記為止。在錢匯進來之前，每天都學一下。」他保證辦到。

一旦金額入帳，「直接給錢」就會開始發送簡訊、打電話跟催後續變化，在地聘僱的「幫手」會協助推動慈善工作，親身走訪一座又一座村莊，確保正確的受款人收到應得的錢，但不會施壓他們按照某種特定方式花用。「直接給錢」提供他們一組熱線電話，可以詢問技術性問題或通報貪盜、竊取等。通常，受款人打電話只是為了讓慈善機構知道他們已經收到現金，或是他們正打算花掉這筆錢。非營利組織「直接給錢」現任財務長喬．哈斯頓（Joe Huston）告訴我：「現金入帳隔天，他們總是會興奮到灌爆電話線。」

「直接給錢」有一處辦公室位於肯亞西部大城基蘇木（Kisumu），哈斯頓領我參觀雲端運算的後台系統，它可以緊盯著成千上萬名受款者，並追蹤從捐款戶轉到世界各地村民手中的資金總額。「實際上你可以看到資金被轉入手機裡，」他一邊說，一邊將條列幾百個肯亞名字的螢幕往下捲。稍後他告訴我，截至二〇一七年底，「直接給錢」一共有二百三十七名員工，金援八萬五千一百四十八人，其中逾九成金錢直接匯入低收入的肯亞人、烏干達人和盧安達人戶頭裡。

「我們已經在壓低成本的同時，打造一套用以擴張的模式，」費伊說，「明年，非營利組織直接給錢可以動用的金額或許會有一億五千萬美元，唯一擋在我們達成後年募資三億美元目標的阻礙就是資金。

■ ■ ■

「直接給錢」展開無條件基本收入試點計畫之前，曾提供一大筆資金給某個特定村莊中的最貧困人口，而非小額長期派發給每一名村民。隨機控制試驗是學術圈經濟學和其他學科奉行的金科玉律，已證明這些現金移轉計畫發揮強大作用：家戶資產增加五八％、商業和農業收入成長三八％，意謂著年度報酬率提高二八％；兒童整天粒米未進的可能性降低四二％、家庭暴力下降。這些移轉計畫甚至降低受款人體內壓力荷爾蒙（stress hormone cortisol）的分泌量。

在一個酷熱的肯亞早晨，我和兩位「直接給錢」的高階主管一同去觀察更多質化效果，我們駛進一個鬱鬱蔥蔥的內陸小鎮，這個無條件基本收入的試點離辦公室有幾小時車程，儼然遺世獨立。

平心而論，受款人反映的結果不全然正面。我們拜訪一位名叫安潔莉娜．亞珂．恩格洛（Anjelina Akoth Ngalo）的婆婆，她的關節疼痛、腫脹，還伴有末期瘧疾。她坐在茅草小屋裡告訴我們，照理她應該收到三筆款項，但實際上只有一筆錢入帳。她曾經把電話拿給住在鄰村的婦女，結果對方把錢轉出。恩格洛指控：「她把錢偷走。」她懇請鄰村長老協助討錢，但毫無動靜。現在她一貧如洗，每星期生活費約莫五百肯亞先令；她推想，從前一天起就粒米未進，而且連瘧疾的藥都吃完了。她生了九名兒女，僅一名活了下來，儘管如此，她仍補充說道：「非營利組織『直接給錢』能來看看真好。」（同行的兩位主管之一說，組織裡應該有現場調查工作人員親自跟催恩格洛的狀況，而且也派遣團隊調查箇中原委。）

事實上，「直接給錢」最初的一筆付清計畫製造出贏家和輸家，帶給現場調查工作人員與受援村莊居民雙方龐大壓力。我們拜訪的一名男性尼可拉斯·歐沃·歐汀（Nicolus Owuor Otin）扮演社區與現場調查工作人員之間的聯絡者，他試著說明不同家庭的房舍有哪些地方不一樣。就因為這樣，其他村民認定他有權決定誰可以得到什麼，差點燒掉他的簡陋小屋。

不過對許多其他人來說，結果堪稱改變一生，而且風險很低。當「直接給錢」造訪費德列克·歐蒙帝·奧瑪（Fredrick Omondi Auma）家門時，他的健康狀況不佳：窮困、酗酒，住在茅草遮頂的泥屋裡。他的妻子已經棄他而去，但這筆天外飛來的錢財卻讓他得以修復生活，正如一位經濟學家所言，從藍領躋身資本家。他向別人借用摩托車載客，然後拿「直接給錢」提供的資金買下自有摩托車；他創辦小公司，在當地市鎮中心專售香皂、鹽巴與石蠟；他也買進兩頭乳牛，其中一頭已經生下小牛犢；甚至還在沿海大城蒙巴薩（Mombasa）開了一家理髮店。

他的收入從每周六百先令飆升到二千五百先令，妻子也已返家，甚至連酒都喝得少了。「以前我會帶著一千先令出去喝酒，事後在酒吧醒來，身上只剩一百先令，」他說，「現在我還是帶著一千先令出去喝酒，最終是在家裡醒來，身上還有九百先令。」

「我從未想過自己有一天得以住在鐵皮屋裡，」他指的是屋頂，「我從未想過過自己有一天得以穿上好鞋，」他指的是最近入荷的一雙嶄新登山靴，「我從未想過自己有一天得以創辦事業，而且還能從中賺錢。我從未想過自己有一天能夠成為買得起牲口的男人。」

「直接給錢」預期長期的無條件基本收入計畫，可能會產生類似一筆付清計畫的效果，不過對某些深受震驚的受款人來說，很難想像自己的生活將如何改變。我造訪村莊期間，許多剛剛領到錢的受益人才正要開始抱頭苦思，未來十二年裡，他們絕對不願再陷入過往那些非常時刻所經歷的貧困遭遇。他們還沒有開始往長期方向思考，因為貧困感已經把他們的思想局限在當下，例如不斷擔心食物要從哪裡來、家裡還有沒有食用油，或者身體是否強健到足以攜桶汲水。

經濟研究顯示，這種影響很常見，因為貧困就好比是某種針對心理狀態、健康、財富與身心圓滿效應課徵的稅制。「窮人必須控管零星收入、量入為出，還要做出難以取捨的交易，」一份關於頭腦混沌、精神疲勞的貧窮重大研究主張，「即使不需真正做出財務決策，這些引人關注的事項依舊歷歷在目，而且擾人心神。人類認知系統的能耐有限，若關注急迫的預算問題，將使得相對較少的認知資源被用在導引決策與行動上。正如全心關注潛在碰撞航線的空中交通管制員，可能無意間會忽視空中其他幾架飛機一樣，窮人一把心思放在金錢問題時，就會失去充分考慮其他問題的能力。」研究發現，急迫的財務問題也會造成形同整晚開夜車的認知效果，換算下來，智商會略減十三分。

我問學校董事會成員歐路羅和他的妻子瑪麗打算怎麼處理這筆錢，他們說女兒住在茅草遮頂的屋舍，想用來幫她升級。我又問，考慮到「直接給錢」即將撥款了，他們覺得未來五年哪裡會不一樣，瑪麗說：「屋頂會穩當了。」然後再無下文。

但是對其他人來說，潛在的影響似乎顯而易見，足以讓他們想像、嘗試、觸摸和感受得到。附近一間簡陋小屋住著一位名叫潘蜜拉．歐珂．歐黛羅（Pamela Aooko Odero）的祖母，當我登門造訪時，她正嚴重胃痛。她家中沒有冰箱、藥品，除了雙腳，沒有任何交通工具，甚至連一顆燈泡也沒有；她努力工作維持一家八口溫飽，但每周只賺五百至一千先令，換算下來每人每天是美金一角至兩角。這般窘境讓他們全家置身於疾病、飢餓、剝削和營養不良的風險。

歐黛羅對我描述日常的一天。因為家裡窮到買不起牛奶或糖，早餐只有稀粥和紅茶。她說：「我先打點好孫子，讓他去上學，之後就清掃、收拾家裡。」接著，儘管她年紀大了，還是走去附近森林伐木販售。她說：「我砍完柴後捆綁好，扛在肩上從林中揹回來。午餐時間如果還有吃的就張羅一下，沒有的話就拿早餐的剩菜充飢。」這樣的工作持續整個下午，到了傍晚，她帶著一個塑膠方桶前往當地學校取水並餵養她的動物。

「我為自己和家人準備一點晚餐，」她解釋，他們通常吃玉米與豆類混煮的食物，或是蔬菜與烏咖哩（ugali），這是一種由粗玉米粉調水蒸煮而成的主食，類似玉米粥；不過他們也常挨餓。「在那種情況下，我就躺在床上，聽著床邊小小的電晶體收音機廣播發生在世界各地的事情。就在漫長、疲累的一天漸漸結束之際，我終於進入夢鄉。」她計畫，一拿到這筆錢，首要之務就是提升全家人飲食內容的質與量。她告訴我：「未來會有很多改變！再也不用到處乞討施捨了。」

其他人更進一步思考未來。聘僱艾格的守寡姊妹花瑪格麗特和瑪麗告訴我，她們打算集結兩人的資金，夥同朋友開辦一家小銀行，並強調只放款給女性，因為她們才信得過；另一名當地婦女說想成為一名美髮師；不過其他人計畫和丈夫一起存錢以便改善自宅、重新整理庭院或是買進山羊等可以創造收入的資產。

「我會優先處理三件重要事：我需要開挖一處坑廁，家中有部分結構已經被白蟻損壞，還有畜欄也需要補強，這樣土狼才不會四處覓食從我這裡偷雞摸狗。」寡婦皮莉絲特·艾魯·羅多（Plister Aloo Raudo）操著盧歐語告訴我，「有一天，一隻土狼跑進來，拖著一隻母山羊的腿把牠抓走。牠才剛生下一隻小羊，看到小羊無助又脆弱，實在很難過。我得到處問鄰居，誰家的母羊也剛生產完，請牠一併餵養我的小羊讓牠有奶水可以喝，至少能有一絲機會活下來。」

二〇一六年十月二十四日上午十點四十三分，第一筆由M-Pesa支付的款項撥進村民的戶頭，此刻，卡洛琳·艾琪妮·歐蒂安波（Caroline Akinyi Odhiambo）正照看著蹣跚學步的女兒蹲馬桶，一旁有瘦弱雞群進出簡陋小土屋找蟲子果腹。

她的丈夫傑克（Jake）從工地現場打電話回家，要她查看新手機。螢幕跳出一則簡訊，通知她二千二百八十肯亞先令已經匯入戶頭。她這一生從未看過如此大額的金錢，猶豫地咧嘴微笑。

同一天，為兩名寡婦當差跑腿的艾格關掉手機，拿塑膠袋包起來放在口袋裡。他正為寡婦將牲畜從一處荊棘叢生的枯乾草地趕到另一片草地，途中巧遇一名工作人員，對方催著他掏出手機，打開電源然後等一會兒。他看到簡訊跳出來，錢也已經到位。「好開心！好開心！好開心！」他大呼小叫，跳上跳下，手舞足蹈。就在那一天，他跑去買下一隻山羊。

艾利克．歐蒂安波．馬多荷（Erick Odhiambo Madoho）也樂翻了，他走上離村子最近還有牛隻點綴其間的高速公路，坐上塞滿二十名乘客的迷你小巴，直驅維多利亞湖。在那裡，他找到M-Pesa攤位，將手機裡的金額換算成現金，拿著這筆錢買下第一張細絲釣魚線，好用來手工打結製成魚網，釣捕湖中的野生吳郭魚。他前後買了三張。

他告訴我，當他大約花了三個月做好魚網，他會租一艘船，然後聘僱一名日工一起出海捕魚。他預計，如果漁獲豐碩，扣除成本後，一天最多可以進帳兩千先令。我問他，既然這門生意這麼有賺頭，為什麼在此之前他從未攢錢買魚網。

「我沒錢可存。」他聳聳肩微笑回答。

在村裡，浪費、不信任帶著現金的人之類的說法聽起來很可笑，這種心態不只是村民對浪擲金錢、花在無聊瑣事上面或不再工作沒興趣，而是他們對資金的獨到巧思和熱情，遠超乎我所能想像的任何事情。他們不是慈善救助的對象，是等著鴻圖大展的企業、等著施展抱負的個人、等著改善生活的家庭。他們只差口袋空空。

▪ ▪ ▪

「直接給錢」不是第一家造訪無條件基本收入試點村莊的慈善機構。我穿過荊棘叢與置身其中的家戶，算出受贈的水桶多出不少。一名婦人告訴我：「外來的那些人一直帶進來。」帶有公益性質的帆布懶人鞋品牌Toms曾創造過榮景，我造訪過幾家泥屋，天花板上還囤了幾雙；有一家非政府組織為貧窮人家繳付學費，成功幫助一些原本就日子相對好過的居民；這些慈善機構當然都是立意良善，但他們的努力似乎無效甚至還有浪費之嫌。沒有人需要更多水桶、沒有人需要Toms帆布懶人鞋；有許多人需要外界資助學費，絕大多數都是最窮的村民，但他們卻不是獲得幫助的對象。

當然，現金並非唯一有效的援助干預，遠非如此。經濟學家已經研究、驗證微儲蓄計畫的成效。所謂微儲蓄計畫是指那些讓農民分期攤付化肥費用、施作除蟲工作、在下水道設施安裝氯發送機，並推行補救教育方案等諸如此類的舉措。孟加拉當地龐大的慈善組織孟加拉鄉村促進委員會（Bangladesh Rural Advancement Committee，BRAC）會先找出社區裡的赤貧族群，提供他們補助金購買牛隻之類的生產性資產，也會輔導、培訓和支持他們；短暫金援、金融產品和健康服務。這套計畫成效卓著，改善居民消費、儲蓄和糧食安全。

但是，現金是一種已獲檢驗的援助干預，慈善機構提供的許多商品和服務卻不然；有時候慈善援助甚至可能適得其反，傷害它們原本想要幫助的對象。就以蔚為一時風潮的Toms為例，官方打出自我感覺良好的「買一捐一」口號：顧客買一雙鞋，它就捐一雙給窮人。不過，爆量的Toms鞋卻害慘當地鞋業製造商、零售商的生意，就和美國捐贈的二手衣打趴許多非洲當地零售商如出一轍。在許多情況和氣候條件下，Toms的產品並不合穿，但它就是公司能給的產品。正如我在肯亞所見，它們被硬塞給已經有鞋穿的對象，但這些人缺乏的卻是電力或清潔用水。

類似批評也幾乎適用於所有捐贈的實物，好比食物、衣服、教科書、水桶和衛生用品，甚至是普遍被視為具有生產力的資產，例如諸多送牛到非洲的慈善機構所贈予的動物。同理也適用許多採行其他援助手法的慈善機構，像是建立學校、供應汲水器和發放種籽。大家都是立意良善，這一點真的很棒，但是真正的影響是什麼？「這道問題應該永遠都會是：『要是我們給現金的話，景況會更好嗎？』」費伊告訴我，「通常沒有辦法回答這道問題。」結果無法測量。舉例來說，Toms鞋可能有助於防止兒童感染鉤蟲，但若考量到鞋子本身的價值、分銷的成本，說不定提供疫苗費用更具成本效益、更有助於改變生活。

一旦認清金錢的作用，援助專家正努力說服捐款戶提供現金取代物資給援助團體。「颶風季節來臨時，如何才能最大程度影響其他人的生活？」自然災害橫掃美國境內後，全國民眾都熱心想貢獻一己之力，美國國際發展署（United States Agency for International Development，ＵＳＡＩＤ）建議，「答案非常簡單：提供現金給直接幫助受災戶的救援組織。」它們也遊說援助組織提供現金，而非物資。舉例來說，在颱風和洪災過境後，慈善機構已經開始發放現金或代幣卡，不再試圖媒合希望和需求。二〇一七年夏天，颶風哈維（Hurricane Harvey）重挫德州休士頓，紅十字會提供三十九郡、近五十萬戶家庭四百美元；「直接給錢」也在美國捐款戶支持下發放現金給德州幾座貧窮的洪患受災鄉鎮。

幫助難民的團體也已經開始提供現金，而非試圖精準猜測這批流離失所的人群可能需要什麼。國際援救委員會（International Rescue Committee）遍布世界各地，從緬甸到敘利亞都有據點，它們形容現金是最高效的援助形式之一。「逃離衝突或災難的人群只會攜帶極少數私人物品和少許金錢。現金救濟能讓他們購買基本必需品、重新掌控自己的生活。全球百分之六十的難民都住在城市而非營地，現金已被證明是一道更快、更低價安頓他們的有效途徑，」它主張，「自主選擇的力量可以讓難民家庭自行決定他們最需要什麼物資，也能讓他們主動貢獻當地經濟。」舉例來說，一項非營利組織完成的研究發現，每一名敘利亞難民在黎巴嫩消費的每一元，可以為當地經濟產出超過兩元的效益。更廣泛來說，海外發展研究院、世界銀行與聯合國都鼓吹，提供現金是更人道主義的贈予手法。

儘管如此，估計高達百分之九十四的絕大多數這類援助方案並不提供現金。我詢問援助專家理由何在，他們說，捐款戶反對是其一，特別是長久以來揮之不去的認知：窮人就是會濫用這筆錢。很難說服美國的政治大老、英國的遺產繼承人和日本的工業家把錢分送極端貧窮的人，還任由他們自行決定如何使用。「人們普遍擔心福利依賴，完全就是『給人一條魚就只能餵他一天』這種印象。」華盛頓智庫全球發展中心（Center for Global Development）的公共健康與發展專家亞曼達・葛萊斯曼（Amanda Glassman）說，「這種說法威力無窮，真的就是這個領域一道基本的心理特徵。」

現金似乎也很難讓大眾埋單。美國納稅人可能非常樂意出錢讓年輕女性受教育或讓學童接種疫苗，畢竟誰會不想幫助女孩讀完小學，或防止嬰兒罹患痲疹、白喉之類的疾病？但是一談到直升機撒錢（helicopter money）⑬給貧窮、政局不穩的國家，或是貧窮、生活不安定的族群，他們就可能卻步不前。葛萊斯曼說，把一顆藥丸放進孩童口中的提議比較吸引人。

機構惰性（institutional inertia）是其二。援助組織是依據特定理念而生，自有委任指令與執勤員工。「在這個體系內有很多優秀夥伴，」「直接給錢」的共同創辦人之一保羅・尼浩斯說，他同時也是加州大學聖地牙哥分校的經濟學家。許多組織希望改成現金移轉，但體制並不允許；它們反而擁有特定目的的捐款戶授權，不過現金移轉手法賦予受款者選擇的權力。

尤有甚者，現金可能會迫使援助工作人員和非政府組織面對一樁事實，亦即他們要是採取不同做法，或許可以做得更好，而且通常可以更不費事。「鼓吹現金移轉的人信手就能舉例批評：『當前採用的票券方案應該就是現金。』很容易就找到證據說明你應該發放現金而非肥料，」全球發展中心經濟學家賈斯汀．桑德福（Justin Sandefur）說，「更激進的主張就是：你根本就應該裁撤美國國際發展署，這個機構的預算比西非小國賴比瑞亞的教育預算還要高，乾脆把錢發給賴比瑞亞人更好。」

發放現金就算不是直觀或感性訴求，通常也被視為有效的選擇。但面臨孩童挨餓、成人早死、食物短缺、疾病無處不在、高學費迫使學童輟學的情況下，效率問題便引發深刻的道德品質爭議。無效援助不僅是無效，甚至形同浪費；形同浪費的援助想要消滅貧窮更可能只是白費力氣。世界銀行用以定義幫助每一名男性、女性和兒童脫離極端貧困線的所需金額稱之為貧窮缺口（poverty gap），此刻，美國智庫布魯金斯研究院（Brookings Institution）的勞倫斯．錢迪（Laurence Chandy）、布莉娜．賽德爾（Brina Seidel）估計，這個數字約為六百六十億美

⑬ 美國經濟學家米爾頓．傅利曼於一九六九年提出的建議，意指政府在實行幾近零利率政策後，藉由購買國債等方式增加基礎供應，並將現金轉移到國庫，進一步減去中央銀行持有的政府債務，直接發錢給大眾。

元。這是美國人每年購買樂透的花費，也約當全世界花在人道主義救援的一半金額。

我離開肯亞後開始思索，就更廣泛的現金移轉爭議而言，「直接給錢」繼續推行無條件基本收入實驗可能會產生什麼影響，肯亞的村民與失業的芬蘭人或美國公車司機截然不同，但為了讓無條件基本收入計畫得以邁向主流，我們需要更多的證據闡明這一點。就這麼簡單。這是「直接給錢」的矽谷金主共同抱持的感受。「各種討論和意見不計其數，但就是沒有討論的事實基礎，」慈善投資機構歐米迪亞網路共同創辦人兼董事長麥克・庫詹斯基說，「從我們的角度來看，需要兩道事實基礎：其一是像美國這種富裕的經濟合作暨發展組織（Organization for Economic Co-operation and Development，OECD）國家，再者就是新興市場國家。」

其他的推動機構也說，它們需要足以發揮作用的例子向世界證明，無條件基本收入大有可為，這樣一來，當美國適合推行這套計畫的時刻到來，它就是經過千錘百鍊的方案了。經濟安全計畫的克里斯・休斯告訴我，未來可能會有所謂無條件基本收入的「示範效應」（demonstration effect），也就是說，「你可能得舉幾個好故事來加以說明，讓這套點子變得平易近人。」我回想起艾利克・歐蒂安波．馬多荷和查理．歐馬力．艾格這些人，他們在肯亞把現金移轉發揮得淋漓盡致。

最終，我們也可能在無條件移轉權力與便利性，以及對窮人是否具有決策能力感到不安中，學到更深層次的教訓。「直接給錢」深信，全世界最一貧如洗的人們，懂得採取自己認為最妥善的方式花錢，但這一點卻是美國人一再拒絕相信的道理。

第 5 章

雜牌拼湊體系的隱患

無條件基本收入是否可能是終結貧困及
促進發展計畫的一部分，
確保成長利益能傳達到全世界最貧困的人身上呢？
印度即使無法提供這個問題的答案，
也是一個深入探究的絕佳地點。

再過幾天，這片東印度農業區就要開始下起季雨了，屆時雨水會浸濕一切，打破沉悶的熱氣。孩童在田裡幹活，為了即將來到的大雨替農作物做好準備。路旁散布著婚禮派對用的帳篷和柴油發電機。動物們都盡可能地蜷縮在遮蔽處底下。

瑪哈托（Mahato）一家六口挨擠地住在一棟泥漿和混凝土建造的房屋，屋內只有一個空間，供他們起居、睡覺、煮飯，甚至連水牛也養在這裡。家門外就是貫穿班尼村（Bamni）的主要道路。這個約有三千人的社區位於印度較窮困的省份之一，賈坎德邦（Jharkhand）。儘管國內的工業集團在這裡開採豐富的礦藏，但是就農業發展、收入及基礎建設而言，這裡屬於貧困地區。這個邦約有四分之三的勞動力仍投入農業生產，但這部分的收入不到整體經濟產量的五分之一。

和肯亞不同的是，這裡有許多政府推動的計畫，要把像瑪哈托這樣的家庭提升到貧窮線以上。有些計畫的確發揮效益，瑪哈托這麼對我說。他的孩子在學校能享用政府提供的免費午餐，不但有助熱量攝取，也鼓勵每年約一億兩千萬名學童繼續就學。在全國各地實施的公共配給系統（Public Distribution System，PDS）之下，這家人也能拿到半價供應的主食配給，包括米、麥、鹽、糖。他們應該要拿到六份，家裡的每位成員各一份，但實際上只領到兩份。「我們只領到十公斤的米，」農夫瑪哈托抱怨，他的家人為此有時得挨餓。「我們已經試過十次想糾正這件事了。」這對父母都沒有從聲勢浩大的「聖雄甘地國家農村就業保障計畫」（Mahatma Gandhi National Rural Employment Guarantee Scheme）拿到任何收入，而該計畫原本是要保障願意協助本地公共工程建設的窮人能賺取薪資。瑪哈托的妻子一面哺乳，一面和我談話，但她從沒聽過貧困的懷孕或哺乳婦女能拿到現金津貼這回事。

我們毫不懷疑，原則上現金津貼對於像瑪哈托這樣的貧困家庭會比較有利，對印度政府來說也一樣。該國有許多扶貧計畫的目標設定有誤，以至於錯失數百萬的原訂受惠者。許多計畫是採用累退制，幫助的是中產階級家庭，而非赤貧的窮人。還有許多計畫面臨大量的浪費、詐騙、濫用及腐化，運送到公共配給系統平價商店的穀物在半途憑空消失，勞工永遠拿不到薪資，地方官員向計畫參與者收取不合理的費用，根本沒完成的工作則記錄為完工。其他的則被視為是間接成本，打著窮人的名號落到了官僚的口袋裡。印度政府並沒有以快速又有效率的方式處理扶貧的問題，而是靠「雜牌拼湊體系」（Kludgeocracy，這是由約翰霍普金斯大學政治學教授史蒂芬・泰勒斯〔Steven Teles〕所提出的新詞）。

為了這緣故，印度的經濟學者、政治人物及公職人員在這幾十年來，不斷呼籲政府從津貼計畫改為現金補助或其他更簡單的福利方案。這五年以來，德里政府幾乎把全國的男女老少都登錄在一個叫Aadhaar（印度文的含義為「基礎」）的雲端生物辨識系統。它把這套系統和扶貧計畫做連結，致力於消滅濫用及詐騙，辨識出真正的窮人。它開始透過Aadhaar提供現金給窮人，而不是販售補貼產品給他們。

政府的首席經濟顧問亞文德．蘇布拉馬尼安（Arvind Subramanian）告訴我，最後的自然結果及超乎理想的結局就是無條件基本收入。他也說，假如政府要發給每人每年七千六百二十盧布（約一百美元），該國的絕對貧窮率可能從百分之二十二降到百分之一以下。也就是說：這個占了全世界極端貧窮人口中三分之一的國家，以貧民窟及自耕自給農場，還有無效率及腐敗的官僚而惡名昭彰，現在卻考慮要以無條件基本收入為指標消滅貧窮。它的雜牌拼湊體系可能變身為技術專家政治，逐步消滅貧困。矽谷、華府進步派及歐洲綠黨人士對無條件基本收入都期待不已，但在我看來，這似乎是這個理念轉型應用的極致。這不是某個慈善機構以快速、有效、強大又不帶批判意味的現金補助法來消滅貧窮；這是一整個國家以快速、有效、強大又不帶批判意味的現金補助法來消滅貧窮。

這股全球成長的龐大力量已經證明能有效地消滅貧窮，無論在印度或全世界都是。根據世界銀行指出，在一九九〇年，每三人就有一人生活在極端貧窮之中，到了二〇一六年降至每十人之中則有一人，也就是有超過十億人口提升到極端貧窮線之上。五年前，千禧年發展目標（Millennium Development Goal）問世，要把這種貧窮狀態減半，世界銀行則期待能在二〇三〇年有效地消滅極端貧窮。這一切主要歸功於全球化、工業化、貿易、和平、外資、科技改變、國際合作，以及政府支持成長的政策。

然而，世界銀行評量的極端貧窮終點，不代表終結貧窮，以及隨之而來的缺乏選擇、自由、自我決定、健康及包容。這道極端貧窮線非常低。研究者指出，生活在這道線以下的人，或許平日買得起一些玉米粥或飯、一些蔬果、幾湯匙的油和糖、一點蛋白質，或許加上少許堅果，但沒剩多少錢能花在交通、住宿、教育、健康照護，以及其他生活所需的事物上。極端貧窮的人不太可能擁有像腳踏車之類的資產，幫助他們增加收入，而把收入的一半或四分之三都花在食物上，也不是什麼罕見的事。跨越那道每日生活費兩美元的門檻——不同的發展團體在不同的時期各有不同的計算方式，而且政府通常也有自己的一套計算公式——本身不具多少意義，而且每日生活費將近兩美元和正好兩美元的貧窮，差別也不大。

再者，大幅成長及極端貧窮率降低，不保證所有的人都能擁有更好的生活條件，正如印度的情況所顯示。發展經濟學者傑恩．德雷茲（Jean Drèze）及阿馬帝亞．沈恩（Amartya Sen）在他們合著的《不確定的榮光：印度及其矛盾》（*An Uncertain Glory: India and Its Contradictions*）中，提出印度及孟加拉的對照來證明這個論點。書裡寫著，在一九九〇年，印度的人均所得比孟加拉高出百分之六十，到了二〇一一年則是孟加拉的兩倍。然而，在同一段期間，孟加拉在許多方面的發展指標都超越了印度，包括生育率、教育成就、兒童死亡率及預期壽命等方面。他們主張：「印度的『發展之路』有問題，其中的一個跡象來自於印度在許多社會指標都落後南亞的每個國家（巴基斯坦除外），即使它在人均所得的成長表現得比這些國家都還要出色。」

無條件基本收入是否可能是終結貧困及促進發展計畫的一部分，確保成長利益能傳達到全世界最貧困的人身上呢？印度即使無法提供這個問題的答案，也是一個深入探究的絕佳地點。我和當地官員前往西古加拉特邦，查看他們在使補助變得更簡單又有效的方面成果如何，以及Aadhaar和現金補助是否發揮類似無條件基本收入的作用。我加入德雷茲和他的研究小組，因為懷疑政府的美好宣言及看似新奇其實老套的浮誇承諾，一行人來到西賈坎德邦進行田野調查。

雖然救援團體和非政府組織擴張或實施現金補助計畫的速度緩慢，但全世界的中、低收入國家並非如此。現在估計有一百三十個國家提供某種形式的現金援助給它們的國人，透過五花八門的有條件或無條件轉移計畫、年金及其他方案。

這好比一場「來自南方世界的革命」。一開始在一九九〇年代，巴西及墨西哥首先開啟這類計畫，在某些條件之下發現金給低收入家庭。這兩個國家看到了充滿希望的結果，於是把它們的試驗性方案快速擴張成廣受歡迎的大型計畫，而且這種模式廣受拉丁美洲、亞洲及非洲國家的採納。目前巴西有數百萬人收到家庭補助金，家裡的孩子因此能繼續上學，而且負擔得起去地方診所看病。在墨西哥，每四個家庭就有一個接受繁榮計畫，對教育及公共衛生也有類似的要求。

當然，現金不是萬能的靈丹妙藥，無論對慈善機構或政府來說都一樣。它不能取代公共財的開發，例如學校、公園、公路、電力網絡、淨水及醫療中心等。它也無法代替優先發展重點，例如預防接種的普及化，或是終結婦女面對的暴力。另外，現在還不清楚那些家庭停止領取現金補助之後，是否能造成長期的益

■
■
■

處，雖然有些方案的研究指出了這種可能性。這類扶貧補助對於發展的較大範圍目標——不只是終結貧窮，也包括增進國家的人力資本及支援經濟成長——是否有幫助，依然有待觀察。很顯然地，最好的方式是給這些家庭錢，而不是找志工去修繕他們的房屋或提供衣物及書本，但是問題在於政府是否及何時會把錢花在發電蓄水庫。

然而現金補助計畫證明是中等所得政府的扶貧利器，並且啟動了目前無條件基本收入的對話。繁榮計畫大幅減少了墨西哥幼兒的貧血比率，改善貧窮兒童的教育成績，並且將數百萬家庭提升到貧窮線之上。至於家庭補助金計畫，世界銀行的經濟學者認為它協助將巴西的極端貧窮率降低一半，也減少了收入的極大差異。找對方法的話，現金是利器。

現在印度把國內生產總值（GDP）的一大部分花在扶貧，不過僅有少數是現金方案，而且罕有顯著成果。例如公共配給系統每年花掉印度國內生產總值的百分之一。不過在德里政府主導的一項全面經濟調查中發現，這項計畫的預算只有百分之二十八是花在百分之四十最需要協助的人身上。每年政府為窮人購買的穀物有高達一半都不翼而飛。儘管花了數十億美元，這項計畫並未確保赤貧的印度農人能達到政府的熱量目標。

這場全面就業保證計畫的低效率程度，和某些調查的數據差不多。德雷茲是這個實行已有十年之久的計畫發想人之一，目標是要提供願意從事非技術性勞力工作的窮人，每年至少一百天的工作量。這些年來，這計畫幫助了將近五千萬戶家庭。不過這項計畫約有百分之四十的福利給了不是最需要的人，並且有百分之二十的錢從這套系統中「流失」，被人污走了。一份近期的研究調查了加入這項工作計畫的一千四百九十九戶家庭，結果發現只有半數的人是真正存在並如實完成了工作。大多數人完成工作之後，領到的錢比他們預期的還要少。「為了得到補助，你要住在有村長負責執行計畫的村子裡，」麻省理工學院的發展經濟學者阿比哈吉・班納吉（Abhijit Banerjee）告訴我。「有時工作斷斷續續，有時你領不到薪水。無論是哪種情況，你都是看村長的臉色施捨。」

更常見的是，印度政府無法斷定誰是窮人，誰又不是，因此削弱了幫助窮人的力量。「在某些國家，你可以透過退稅或其他機制得知哪些是窮人，這時你才能質疑有條件或無條件的補助會比較好，」加州大學柏克萊分校經濟學家普拉納・巴丹（Pranab Bardhan）表示。「但是在印度，辨識窮人的過程充滿了爭議、腐化及複雜性。」他表示，一項調查無法辨識出半數窮人，而且把三分之一的非窮人歸類到窮人的範圍。「在一個有十三億人口的國家，這是相當大的差異，」

他說。「過程中處處可見腐化的跡象。」

我沒料到的是，蘇布拉馬尼安同意這項評估，表示福利系統基本上立意良好，但在許多方面都缺乏效率。他認為無條件基本收入或類似的計畫，可以解決任何問題。它的作用不限窮人。它能讓分配標準化，平衡三十幾個邦及屬地的生產力及腐敗差異。這會減少詐騙，而且花費更少，也更容易執行。這也能消滅中間人，也有更多成長。「拿比哈爾邦（Bihar）為例，這可能是印度第二貧窮的地區，保證就業計畫在這裡根本沒用。」他說。「無條件基本收入的好處，是大家都直接把支票存入銀行帳戶，跳過所有漏洞和腐敗的來源，也就是官僚體制的介入。」

再者，考慮到國家在扶貧計畫投資了多少，以及國內窮人的貧窮程度，支付無條件基本收入或許是能克服的關卡。政府可以終結或減少目前的補助津貼，例如食物、肥料、燃料、火車車票、航空機票、瓦斯及借貸，還有可能動搖農村就業保證計畫，一年省下數十億美元。將擁有汽車、空調設備及銀行存款的大戶排除在外，也有助於降低成本。其餘部分以增加的稅收及更好的納稅依從度來補足。「我們的租稅負擔率大致算穩定，」巴丹說。「美國有資本增值稅，印度在長期資本增值方面無需納稅。美國在農業獲利方面需要納稅，我們在這方面則否。

假如我們想要的話，可以調度百分之十的國內生產總值。」

■ ■ ■

蘇布拉馬尼安對這件事的看法是，一個國家要朝無條件基本收入或類似的現金補助系統方向發展，一開始的挑戰是辨識出窮人，最後的關卡是在這些人和政府之間建立連結。他稱之為「JAM三部曲」的系統，或許能幫助德里做到這點。

A是代表Aadhaar。這套系統由曼莫罕·辛格（Manmohan Singh）政府啟動，並受到納倫德拉·莫迪（Narendra Modi）政府的熱烈擁護。它提供每位印度人民類似社會安全號碼的編號，因此上至孟買的億萬富翁，下至加爾各答的拾荒者，都和德里的聯邦政府建立了聯繫。「我們建造的和道路一樣重要，」負責這項計畫的科技億萬富翁南丹·奈爾卡尼（Nandan Nilekani）告訴《紐約時報》。「這條道路連結了國內的每個人。」政府的確是指每個人：在二〇一七年年中，超過百分之九十九的人在Aadhaar系統登錄，發出的編號超過十億個。

若想要得到Aadhaar編號，民眾要前往政府機關或公共設施進行虹膜及指紋掃描。首先他們要把個人資料，包括種姓階級、婚姻狀態及年紀等提供給政府。接著他們要利用虹膜或指紋來領取福利。「印度的這套系統是我見過最成熟的一個，」世界銀行的前任首席經濟學家保羅・洛門（Paul Romer）告訴彭博（Bloomberg）。「這是所有和金融交易相連結的基礎。」

三部曲的J代表的是人民財富計畫（Jan Dhan）；莫迪政府推動這項計畫，目的是提供窮人正式的銀行服務。為了終結貧窮，「我們必須幫助窮人脫離財務賤民的層級，」莫迪在二〇一四年展開這項計畫時表示。這項計畫替數百萬人建立了連結到Aadhaar的低管理費帳戶，鼓勵民眾使用這些帳戶來處理存款、匯款、年金及信貸等。然而有數億印度人民還是沒有銀行帳戶，現金依然仰賴將近百分之八十的消費者及商業支付，包括高單價商品，例如房屋或汽車。

最後，M代表手機（Mobile）。根據世界銀行估計，在印度，每十萬人只分配到二十部自動提款機，而在美國則是一百六十五部。印度有數千萬人住在離銀行遠到無法想像的步行距離，也有數千萬人從來沒有正式和銀行打過交道。「要將普惠金融⑭擴及最偏僻及最貧窮的地區，需要能透過手機網路支付的銀行，」蘇布拉馬尼安表示。「如此一來，印度就能從缺少銀行的社會一躍而成無現金社會，並且從無手機走向手機普及的狀態。」然而，印度依然缺乏像肯亞的M-Pesa

行動支付系統。

Aadhaar普及化並結合主要抗貧計畫，已經開始凸顯出那些一開始會面臨以及最後會遇到的問題。為了在政府經營的商店領到補助的米或麥，民眾必須加入Aadhaar系統，並且掃描指紋。要領取就業保證計畫的薪資時，也要進行相同的程序，而且薪資必須寄到和Aadhaar系統連線的銀行帳戶。再者，德里政府已經開始發送現金給有資格獲得烹飪瓦斯補助的家庭，而不是補助烹飪瓦斯所需的成本。蘇布拉馬尼安希望這能展開從補助到直接福利轉移的諸多改變。「我們想打造的是基礎建設，這會讓我們相信我們克服了最後的問題，」他對我說。「假如擴大現金補助的規模，它就很接近無條件基本收入了。」

■ ■ ■

⑭ 普惠金融體系（Financial Inclusion）是指一整套全方位為社會全體人員，尤其是金融弱勢群體提供金融服務的思路、方案和保障措施等。

我在華府時認為，以無條件基本收入來解決這些問題的承諾，似乎令人萬分期待：在這種成效不彰的系統之下，像印度這類國家直接給人民現金不是更好嗎？Aadhaar不是正好替這種支付方式鋪路嗎？假如像印度這樣的國家辦得到，美國為何不能呢？但是和印度官員、經濟學者、村民及政界人士相處一段時間之後，我對無條件基本收入的潛力以及落實施行的困難，有了更進一步的了解。簡單化及全面性的原則是好的。不過，無條件基本收入不見得是彰顯及實行這些原則的最佳或唯一方式。

古加拉特邦是印度西部較富裕的地區，我在那裡造訪了朗吉納加村（Ranjitnagar）。在一家發送公共配給系統物品的當地商店裡，一位名叫芭里亞・杜利本（Baria Dhuliben）的五十歲婦人穿著一襲鑲飾紅花織錦的白色紗麗，不發一語地把手指在Aadhaar指紋辨識器按了一下，以便識別身分領取她的配給米、糖和鹽。辨識器操作失敗。她又試了一次，店主注意著電腦螢幕。在兩次伺服器錯誤之後，店主斷定是銀行出了問題，並且因為在有位白人記者坐在店裡時卻出了這種事而感到惱怒。他要求婦人晚點再過來，她一句話也沒說便離開了。

印度有一群社會學者做了初步調查，發現這種問題很常見。先前的公共配給系統需要紙卡、紙本紀錄、聯絡人，以及為數可觀的紙本補充紀錄。現在這些商店需要可靠的網路和電力來進行交易，但這在遼闊的印度鄉村很罕見，尤其是那些最貧窮又偏僻的地區。就算線上交易沒問題，調查顯示許多鑑定的回報是誤判，以至於剝奪了一些最貧困家庭的卡路里需求。

其他的問題就更嚴重了。在接近孟加拉的賈坎德邦，我加入了德雷茲和他的同僚，他們正在當地進行一項針對Aadhaar、貧窮及安全網的田野調查。在班尼村的時候，我們睡在鎮上小學的前廊，還在一位新娘父親的堅持邀約之下，參加了一場相親婚禮。我和當地居民談到政府對他們有哪些幫助和缺失。一位名叫阿比黑・庫馬爾・納格（Abhay Kumar Nag）的自耕農向我提起他使用Aadhaar連線系統的問題。「你必須一而再、再而三地按壓大拇指，」他說，並把手伸出給我看。問題是他的手和手指腫脹又長滿節瘤，辨識器根本無法辨識他的指紋。這問題經常發生在幹粗活的勞工身上。他也抱怨以前能請家人或朋友拿他的卡去替他領取物資。現在他要親自跑一趟，就算當地店主叫得出村子裡每個人的名字。

由於Aadhaar系統而必須親自前往公共配給系統商店，的確是普遍的怨言。印度有數百萬人實行所謂的「循環移民」，也就是農人會隨著季節在不同的耕地之間遷移，以及工人規律地前往城鎮工作，然後回到鄉間和家人團聚。Aadhaar做出的改變把人們和某一家平價商店綁在一起，誰都不能代領穀物。要是他們不在，就領不到他們的份例。除了循環移民，還有其他的生活型態變動也會打亂穀物的領取。「有個問題是，當女子離開村莊嫁人時，」一名叫作朗恩・山卡・侯達（Ram Shankar Haldar）的五十二歲村民站在班尼村外告訴我。「份例是依照她的卡片來分派的」，而卡片只能在一家商店使用，他說。

一名負責將Aadhaar連結到公共配給系統的古加拉特邦官員察覺到這個問題，並且表示政府希望能盡快解決。Aadhaar「的確讓這兩者之間更容易吻合，而這會是合理的下一步」，珊吉塔・辛格（Sangeeta Singh）說；她週六還在該邦的首府甘地納格爾（Gandhinagar）辦公室工作。「我們必須加強可攜性。」不過在賈坎德邦，關於這類改變的討論並不多。

登錄Aadhaar系統，並且把Aadhaar連結到公共配給系統，似乎讓許多家庭沒有得到任何補助，無論是穀物、燃料或其他補助物資。瑪哈托家的情況就是如此。在他們家附近，有一名婦人給我們看她的烹飪瓦斯空桶。她受夠了等待領取她的現金，於是以原價買了一桶。「他們一直說會發下來，會發下來，」她說。「結果從沒下來過。」

有些印度人確實表示他們喜歡這種改變。「這裡都不用現金，」亞姆拉拜・普拉加帕提（Amrutbhai Prajapati）說。他是齋浦爾一個古加拉特聚落裡的補給商店店主，邊說邊給我看這一個月來的列印交易紀錄。「我不用再提供賒欠了，」他說。一些顧客在他的商店排隊，等著購買他們的物資補給品、繳納電費及保險費、預訂巴士車票、替手機及衛星電視服務儲值——全都使用和Aadhaar連線的銀行帳戶。

六十二歲的農夫巴布海．帕托（Babubhai Patel）坐在戶外的一張塑膠椅上。他給我看他的存摺，上面蓋了他的政府補助瓦斯戳記。「在過去大約要等四十五天才會送來一支補給瓦斯鋼瓶，有時根本沒送來，」他說。當地的經銷處會分發鋼瓶，但送貨員有時會在送貨途中把它賣給出最高價的人。要正式提出投訴的話，他必須前往附近的城鎮，也就是說他的家人要拿柴火或乾牛糞來煮飯，直到問題解決。「那簡直令人無法呼吸，」帕托形容用那些燃料來煮飯的結果。「你的肺部、眼睛和屋子裡都充斥著煙霧。」屋子會蓋滿一層煙塵，每年都要粉刷一遍。他說家人也會吃得更少。不過，現在他很快就會拿到瓦斯鋼瓶，也很快就能領到錢了。他再也不必為了烤餅而大費周章了。

而且不只一家平價商店店主告訴我，轉換到Aadhaar系統，讓他再也無法從政府配給的穀物中撈油水，因為這套新系統需要精確的記帳管理以資證明。「沒有，我從來沒有把穀物中飽私囊，拿到黑市去賣，」普拉吉畢海．帕托

（Prajibhai Ghanshyambhai Patel）說，他繼續敘述他是曾把穀物送給顧客當禮物，或是自己留著。這套新系統代表有更重——分量十足——的穀物袋要給村子裡的人。

但還是有人表示改變並不大：Aadhaar是一套分配機制，無法改變把什麼分配給誰，或是改變人們的生活。在偏僻的甘地村，一位名叫朗佳本・帕瑪（Ranjanben Parmar）的農婦穿著一襲亮粉紅紗麗，坐在她家的前廊，給我看她的銀行對帳單。她的戶頭裡有五百四十四盧比，大約是八點五美元。她說政府幫她蓋了一間茅廁，給她一輛腳踏車。但是她沒辦法告訴我她有權獲得哪些福利，而我提出的許多項目，她根本沒聽過。她也說Aadhaar沒帶來多少改變。

她的鄰居看到我們在交談，於是歡迎我去她那間有兩房的家，給我看家裡的冰箱，談到她認識了兩名有機會成為她獨子的新娘人選。她丈夫在十五年前過世了，但她從未領取寡婦應有的福利。「我不知道那些福利是怎麼了，」她雙手一攤地說。

在賈坎德邦，一位名叫蘇哈許・葛拉伊（Subhash Gorai）的農夫停下來跟我說話。他說在Aadhaar改變一切之前，商店提供給他的鹽巴是藍色的，污染程度嚴重到連他的家畜都不肯碰。Aadhaar要怎麼改善這種問題呢？他表示城裡的農村就業保證計畫也有問題。技術減少了公共工程計畫對人力的需求，因為現在有了機器的協助，挖掘灌溉洞要比以前快多了。雖然這一來改善了許多農人的狀況，但也剝奪了原本應有的一份收入。

但有些無現金計畫進行得很順利。古加拉特邦及賈坎德邦的午餐計畫都實行得有聲有色，讓學童吃到控制熱量的營養午餐。人們也說他們喜歡公共配給系統及農村就業保證計畫，而且不想看到它們改變為現金方案。他們熟悉那些計畫，也知道它們能發揮作用，為何要因為可能不完美而加以改變呢？

■ ■ ■

印度的改革還在全新的起步階段，會帶來什麼樣的衝擊依然是未知數，原因是在領取福利方面以及家庭貧困程度的資訊不足。「站在兩種極端立場的人拿少得可憐的數據爭辯不休，」歐米迪亞基金會的班加羅爾（Bangalore）投資夥伴馬度卡爾（C. V. Madhukar）說。「記者發現某些能編造成動人故事的傳聞，所以呢，在拉加斯坦邦的某位老婦人領不到福利。然後政府發現某些能編造成動人故事的傳聞，所以這位或那位婦人拿到了補助金。我不是說那些故事是造假，但真實的數據寥寥無幾。」

無論Aadhaar的承諾或短期成效為何，在我看來很明顯的是，把抗貧計畫和它連結在一起的效果並不大。「當這套系統實施時，大家認為它能強化並啟動社會福利系統，因為它會囊括參加政府計畫的人，」瑞提卡·克拉（Reetika Khera）告訴我。他是經濟學者以及德雷茲的共同研究者，並且以隱私權之故而大力抨擊Aadhaar。「它在這裡面沒有扮演任何角色。甚至就原則來說，取得編號也不保證獲得福利，除非你符合這項計畫的標準，而且能提供證明。」

而且不只如此，在我看來，把現有的福利計畫轉換成現金移轉計畫的過程，不可避免會遺漏或疏忽一些人，並且傷害許多最需要幫助的人。大拇指殘缺的農人、不確定自己有資格領取什麼的婦女、找不到ATM的老人，更別提使用了。這意謂著把錢從官僚、中等收入家庭、甚至是低收入家庭的手中拿走；假如政府想即時辦到這點，就政治上來說，應該是不可能的事。對於印度的無條件基本收入十分熱中的班納吉告訴我：「想想看水電補助，要排除那些等同是踩政治地雷區，因為獲益的中產階級具有政治敏銳度。」這代表要瓦解一些全世界最窮的人們生活，奪走他們了解並信任的計畫，替換成一些不確定的新措施，並且有可能遭遇不同型態的貪污及失敗。

德雷茲提到，精簡系統很可能是刪減那些開支的委婉方式，再加上現在政府會有充足的資訊及財務連結，和少數團體、政治社運分子及個別公民切割開來。「我看不出來Aadhaar要怎麼幫忙，」他在開車前往班尼村的路上，對我這麼說。「假如你想增加現金計畫，那就增加現金計畫。」德雷茲說印度要採取好的第一步，就要擴大並完全資助它現有的高品質現金轉移計畫，像是很少有人知道的哺乳婦女計畫。

全國化、簡單化及無條件化的基本原則深具影響，正如印度和肯亞所示，但無條件基本收入不必然是達成這個目標的最好或唯一方式。讓農村就業保證計畫進行得更順利及普及，宣導並協助人民登記老人年金和母親福利，以及把補助變成現金，這些對班尼村的居民來說，都是更簡單也更立即見效的解決方式。無論政府選擇怎麼做，提供更多資源給當地窮人，似乎也是緊急的首要之務。

對美國來說，也是如此。

第 6 章

衣衫襤褸的邊緣

我前往緬因州，
從中產階級化的波特蘭到東海岸的鄉村地區，
在藍莓農場上，捕龍蝦籠旁，在食物銀行、
收容所、教養院、非營利機構辦公室等遇見的人們，
讓我親眼見識貧窮陷阱的危害性。

緬因州終於冬去春來了，我在一個寒冷又潮濕的早晨和珊蒂．畢夏普（Sandy J. Bishop）碰面。這時她已經在波特蘭市中心的牛津街收容所住了二百四十七天。

她坐在一家慈善廚房裡，前面金屬餐桌上的一杯優格和一片水果是她要省下來當晚餐吃的。她告訴我從二〇〇六年起，她慢慢陷入貧窮及無家可歸的困境。那年她離了婚，發現自己在沿海小鎮華特維爾（Waterville）上，沒有工作，也沒有多少社會支持。當地造紙廠關閉帶來了可怕的連鎖反應，餐廳、公寓和加油站都沒了收入，整個地區經濟蕭條。「沒有任何工作機會，」畢夏普對我說。「市中心像是鬼城。」她沒有車，無法前往奧古斯塔（Augusta）或其他城鎮工作。再加上她要照顧女兒，只有靠食物券及救助金勉強過活。二〇一二年，當她女兒離家去念大學時，社會救助金也終止了。

畢夏普認為最好的辦法就是她也去就學，去念文學院，讓自己有機會賺取更好的收入。她在一個廣受歡迎的社福領受人州立計畫（ASPIRE）的支持下，報名參加社區大學。不過她的健康問題加劇，難以繼續就學。她失去了房子，而且一直努力想解決在這個廣闊農業地區的交通問題，因為她沒錢買車和養車。

她繼承了父親的一小筆遺產，靠這筆錢生活了一段時間，同時繼續念夜校。

「我應該要繼續念大學夜間部，因為那就像是個支持團體，」她說。「但是話說回來，長途交通是個問題，連在附近出入也是個問題。問題可大了。」

由於面臨大衰退而經濟蕭條，以及緬因州茶黨撐腰的州長大幅刪減社會支出，畢夏普從安全網的縫隙中跌落到底下的深淵。她的故事不斷重複上演：她得到補充營養援助計畫（Supplemental Nutrition Assistance Program，SNAP）的支援後又失去了，找到落腳處又失去了，她得到健康保險又失去了，得到社工的協助然後又失去了。她同時承受重大的健康問題：關節炎、纖維肌痛、氣喘、糖尿病、注意力缺失症。她沒拿到身心障礙手冊，不符合緬因州的醫療補助計畫，所以拿不到處方箋藥物。持續的疼痛禁錮了她。

她設法申請社會救助的過程聽起來荒誕不已，即便她有電腦技能、堅持不懈的態度及社工的協助。「我花很多時間前往奧古斯塔，來回好多趟，」她告訴我。「實在是太複雜了！」她繼續說：「我有三、四次失去了食物券，因為我拿不到文件，或是打錯了電話號碼。我該做的都做了。」

到了二〇一六年春天，情況出現了轉機。畢夏普有了工作機會，一名社工也設法替她申請身心障礙手冊及健康保險。「我只是需要有人讓我借住，或是只要我再有一個月左右的收入，我就能找到住處，」畢夏普告訴我。「我原本可以有個工作，而且還有健康保險。我就差那麼一點。」

一切都四分五裂。她原本會在五月拿到一小筆姑姑留的遺產。她的錢用完了，付不出六月的房租。她在一家旅館長住到七月二十四日被趕了出去。她在八月十二日拿到遺產。

因為她近期的驅逐紀錄，而且缺乏訂金或信用紀錄，沒有房東願意收留她。她無家可歸，最後住進了波特蘭的收容所。這表示她失去了奧古斯塔的工作機會。她落入了一進去就出不來的極度貧窮深淵。「你一成了遊民就會失去一切，」她告訴我。「你不能應徵工作，不能申請公寓，這裡面的小問題很多。」

每天早上，她把所有東西帶在身上，離開收容所，因為那裡沒有儲物空間，而且遊民白天不准待在收容所。她把家當堆在助走器上，肩上揹了背包，脖子圍上三條圍巾，兩根枴杖放在推車上。大部分的時候，她會去慈善廚房吃飯，然後去公共圖書館，或是有桌椅和廁所的白天收容所（由於該州的海洛因及止痛劑氾濫，工作人員會把廁所門的底部切除幾吋，他們才能看到裡面，確定沒人在裡頭用藥過量。然而這種事還是每隔一、兩天就會發生）。畢夏普的錢包被偷了，所以她沒有身分證明文件。她有一支手機，但是沒錢付通話費。她成為遊民之後，補發了兩次出生證明。

這時畢夏普的收入是零，沒有薪資，也沒有從政府計畫領到一毛錢，無論是社會福利、低收入家庭福利優惠或醫療補助都一樣。她的情況差到無論在哪個國家，世界銀行都會把她歸類為貧窮等級。不過，畢夏普在美國是窮人，這裡大約有四千萬人生活在貧窮之中，而且有超過一百萬戶有小孩的家庭，每人每天的生活費不到兩美元。布魯金斯研究院的研究者做出一項粗略評估，顯示生活在極度貧窮的美國人，和俄國、約旦河西岸、阿爾巴尼亞，甚至泰國的人數一樣或更多。「而這其中有許多國家都是美國外援的對象。」作者語帶諷刺地說明。

當然了，從許多極度重要的方面來看，貧窮在美國不如其他國家那麼嚴重。醫院必須治療有緊急情況而就醫的人。這裡有社工，有身心障礙照護、醫療保險、醫療補助、社會安全系統、社會福利、食物券及低收入家庭福利優惠（EITC）。這裡也有慈善機構和非營利機構，還有公立學校，孩子能免費就學。即便如此，貧窮的社會污名及基本物資和服務，例如健康照護和住宅等的高成本，可能會讓這裡的極端貧窮感覺比發展中國家還要糟，諾貝爾經濟學獎得主安格斯．迪頓表示：「假如你必須選擇要住在印度的貧窮村莊、美國密西西比三角洲或密爾瓦基郊區的活動屋社區，我不確定哪一種會比較好。」

這種情況完全是因為美國安全網的設計，它不僅刻意如此編造，還有大洞讓畢夏普這樣的人跌落。它的存在是要幫助特定的某些人在特定的某種生活環境中生存，協助他們得到特定的願望及需求。為了本身無過失卻丟了工作的人提供失業保險，為了養不起幼兒的年輕母親提供婦女、嬰孩及兒童計畫（Women, Infants, and Children program，WIC），為付不起租金的低收入者提供第八類房屋補助計畫（Section 8），為低收入及身心障礙人士提供醫療保險，為低工資的父母提供低收入家庭福利優惠。

在美國的許多州，不需養育子女的健全成人沒資格領取任何一種福利。萬一由於無家可歸、偷竊、成癮、地方經濟災難、家暴父母，或者單純只是運氣不好，以至於陷入極端貧窮的境況，經常沒有多少或完全沒有支援系統幫助他們。在肯亞及印度，這種貧窮的狀況似乎是缺乏發展的環境下，一種遺憾且不可避免的結果。不過在美國就不是這樣了，這是依據政府能力、國民財富，以及其他已終結國內貧窮的高收入國家為範例所做出的政策選擇。問題不在於美國無法把人民拉到貧窮線以上，而是它不想這麼做。無條件基本收入能讓這種選擇得到明顯的舒緩，不是嗎？

▪ ▪ ▪

第 6 章　衣衫襤褸的邊緣

現代美國福利系統源自於伊莉莎白時代的英國。在十六世紀下半葉，英國面臨了許多經濟災難，主要是收成不佳帶來的饑荒、封建公地變成私人農場而導致失業，以及戰爭造成的貧窮。數千人生活窮困或挨餓，年輕男女聚集在市中心找工作。由於社會動盪，議會及女王決定，不只教會要投入抗貧，也是國家的目標。一系列的濟貧法賦予教區權力徵稅並提供協助，不過只限於那些他們認為值得救濟的對象。那些「值得救濟的窮人」（老人、兒童、體弱者）能領到院外救濟，例如現金或食物。「值得救濟的失業者」（失業但是在找工作的人）能得到院內救濟，也就是由孤兒院及濟貧院予以收容照顧。「不值得救濟的窮人」則受到懲罰。乞丐會遭到鞭笞及坐牢，在某些狀況甚至會被處以死刑，而流浪漢會遭到烙耳的酷刑。

這種區別值得與不值得的清教徒執著飄洋過海來到這塊英國的前殖民地，和這個國家的個人主義及自立精神結合。在一八〇〇年代，許多地方政府會提供燃油、食物或現金給窮人，不過經常只限於寡婦、生活貧困的母親及其他情有可原的人。但是隨著經濟大蕭條開始，美國打造了一個龐大的聯邦機構，以徵收的新稅提供社會保險及協助。胡佛在選戰慘敗之後，羅斯福推動「新政」，包括加強基礎建設投資、推動公共工程計畫及改革銀行業等。一九三五年通過的社會安全法案提供老年給付，政府也設立失依兒童補助計畫。

三十年後，詹森大幅擴張這張安全網，當成他提出的公民權利一部分，展開無條件向貧窮宣戰時期。「許多美國人活在希望的邊緣，有些是因為貧窮，有些是為了膚色，不過有更多人是兩者皆是。」他在一九六四年於國會參眾兩院發表國情咨文時說，「今天花一千美元拯救一名失業的年輕人，他這一生中會回饋四萬美元以上。」在兩黨的支持下，他的行政團隊擴大社會安全系統，同時也創立了食物券、醫療保險及醫療補助等計畫。

後來為了進一步提高貧窮階級的工作薪資，福特通過低收入家庭福利優惠，雷根則擴大實施。柯林頓改革新政時期的社會福利計畫，以前的對象是寡婦和她們的小孩，到了一九九〇年代，使用這項計畫的主要是未婚媽媽。他在選舉時提出「終結我們所知的福利制度」的口號，兩度否決共和黨的改革案，因為內容太過嚴苛。不過他最後簽署了一份一九九六年法案，規定領取福利的終生上限，並要求領取者要找到工作。最後，歐巴馬企圖通過一項結合他的健保法案，需要資產審查條件的罕見全國計畫。

這套系統大幅減少貧窮率。到了二〇一五年，社會安全系統讓二千六百六十萬人脫離貧窮，領取可退抵稅額的人數高達九百二十萬人，得到補充營養援助計畫支援的有四百六十萬人，領取提供給老弱、身心障礙及盲人的社會安全生活補助金（Supplemental Security Income，SSI）的有三百三十萬人，而得到住宅補助的有二百五十萬人。這份影響不僅重大長遠，而且改變了人民的生活。補充營養援助計畫和低收入家庭福利優惠減少了出生嬰兒體重過輕的發生率；給予父母的免稅額，提高了國中小學童的考試成績。

然而這套系統對某些人來說比較有利，例如老人、身心障礙者、有工作的窮人和部分兒童，這些人都「值得」協助，但是自從一九七〇年代起，這些福利逐漸把失業者排除在外，讓許多最需要協助的家庭孤立無援。事實上，美國目前在安全網計畫的支出遠超過一九七五年，但是花費在賺取最低薪資單親家庭的部分降到僅剩三分之一。「你會認為政府會給予那些最低收入者最多的支援，對於收入較高者提供較少的協助，」負責計算這些數據的約翰霍普金斯大學經濟學家羅伯·莫菲特（Robert Moffitt）說。「但情況並非如此。」沒有任何計畫是著重在支援極度貧窮的成人需求，沒有任何計畫能直接又無條件地應付極度貧窮的問題。

安全網的洞不是設計上的缺失，而是有意如此。

我前往緬因州，從中產階級化的波特蘭到東海岸的鄉村地區，在藍莓農場上，捕龍蝦籠旁，在食物銀行、收容所、教養院、非營利機構辦公室等遇見的人們，讓我親眼見識貧窮陷阱的危害性。

在某些案例中，抗貧計畫的補助金似乎太低，無法真正提升領取人的生活水準。我在波特蘭的一個倡議團體遊民正義之聲（Homeless Voices for Justice）的成員會議上，認識了黛博拉・馬維特（Deborah Marvit）。她是一名個頭矮小的老婦人，年約八十多歲，身穿亮紫色衣服。當時她正在調養眼睛感染的問題。她從七月起就成了遊民，住在女子收容所裡。「我每個月收到一百零四美元的社會安全福利金，」她告訴我，並說明她這輩子大都是自營作業者。雖然有社福計畫，但是太令人搞不清楚，窮人不知該如何領取。

我和抗貧非營利機構普里博街（Preble Street）的指導主任簡・賓達斯－泰尼（Jan Bindas-Tenney）一起去拜訪一位名叫卡洛琳・席維斯（Carolyn Silvius）的年長婦人。她遭房東指控在屋內抽菸（她跟我說她沒有），被趕出來之後成了遊民。她起先和孩子住了一段時間，但是成了他們的負擔。她的孩子們認為，如果她住在收容所，或許能得到更好的社會福利。「我和孩子們談過，」席維斯告訴我。「他們說，除非你真的無家可歸，否則得不到任何協助，而且緬因州不會讓有殘疾的老太太在收容所住太久。」

結果她花了好幾個月，努力想找到住處，在令人抓狂、密密麻麻的官僚體系中來回奔走，就像畢夏普經歷的那樣。「『你會領到每個月十七美元的食物券，』他們告訴我，」席維斯說。她問原因，他們說是因為她沒有申請暖氣費用補助。但她沒有申請暖氣費用補助，是因為她住在收容所。「我沒有付房租，我沒有暖氣帳單，」席維斯說。就像我交談過的其他幾個人一樣，她也補充說，波特蘭社會安全辦公室從市中心搬到了機場，讓許多窮人根本去不了。

還有人提到他們顯然符合某些計畫的資格，但提出的文件卻很難達到標準。我在奧蘭鎮（Orland）認識了蘿莉．肯恩（Laurie Kane）和她十七年來的伴侶艾德蒙．歐斯波恩（Edmund Osborne）。肯恩有嚴重的焦慮症，還有不少的健康問題。這兩個人身無分文，走路能到的距離內也沒有任何診所。她沒有設法取得緬因州的醫療保險MaineCare，也無法拿到醫生開立的身心障礙證明，因為她根本沒錢去看醫生。「MaineCare拒絕接受我，因為我被視為身心健全，有能力工作。」她告訴我。「很多人說：『你可以得到免費醫療。他們說，你去診所可以按浮動費率收費，看一次二十美元。』可是萬一我籌不到二十美元呢？」

肯恩說她也努力想符合緬因州補充營養援助計畫的工作或志工要求，因為她的健康狀況以及無法識別的身心障礙。光是填寫文件及寄出似乎就很費事了，她說。「我很擔心失去它。」

這些人瀕臨絕境卻擔憂不已，例如貧窮本身成了他們脫貧的阻礙、缺乏支持使得幫助他們成了不可能的事、這樣的貧窮程度導致他們喪失尊嚴、沒人會僱用無家可歸的遊民、住在收容所的日子讓他們感到難受、疲憊又沮喪。在普里博街，我和湯瑪士·皮塔賽克（Thomas Ptacek）碰面。他是退役軍人，失去披薩店經理的工作後便成了遊民。他賣掉收藏的CD和家當，但還來不及找到新工作就失去住處。他沒經歷過貧窮的生活，轉眼便流落到遊民收容所。結果他在那裡住了一年，和家人、朋友、勞動力及社會都逐漸疏離。「對我來說，補充營養援助計畫的重點在讓人們的生活回歸正常，」他說。「而這種正常能帶來更多的成功與進步。」他談到領取補助以及買得起一品脫冰淇淋。他表示他「已經有一年多根本沒得選擇」自己能吃些什麼。「有的人看到別人在店裡使用補充營養援助計畫，他們會批評那些人買了什麼，但你不知道這對他們來說代表了什麼。」

二〇一〇年，緬因州州長保羅・勒帕吉（Paul LePage）因為參選的民主黨及獨立黨對手分散了選票而意外贏得選戰。儘管並未得到紫色州選民的明確託付，這位茶黨支持的政治人物仍然動手改革，大幅削減該州的安全網。他利用行政權把工作要求、資產審查及時間限制和補充營養援助計畫綁在一起，領取福利者每周需工作二十個小時，或每月擔任志工二十四小時。他削減了非身心障礙但收入極低者的MaineCare。他削減貧困家庭臨時補助（Temporary Assistance for Needy Families，TANF）案件名冊，並逐漸縮減該州在現金救助方面的聯邦補助。

勒帕吉狂妄直言以及偶爾爆出種族歧視言論的態度，像極了川普總統。他形容自己是「在川普大受歡迎之前的川普」（但是要先聲明，他討厭川普）。可是他的政策贏得了保守派人士的喝采，因為那些人意欲縮減福利國家的規模，並且擔憂福利依賴的問題。「緬因州的食物券工作要求是出色的公共政策，」美國傳統基金會（Heritage Foundation）的學者在二〇一六年寫道。「政府應該協助弱勢，但社會福利不該是單方面的施捨。從政府手上領取現金、食物或房屋津貼的非老年身心健全者，應該要去工作或準備工作，當作領取補助的條件。」

我在寫這本書的同時，有許多紅色州追隨勒帕吉在緬因州規畫的途徑，例如把工作要求和補充營養援助計畫綁在一起、擴大實施藥物檢測、增加低收入戶的文件作業負擔，以及縮短合格期間等。美國國會發言人保羅・萊恩（Paul Ryan）曾表達意願，要在聯邦層級實施綁定工作要求及醫療補助和住宅計畫。川普白宮也準備以相同目標進行福利改革。

在表面上，其動機是鼓勵接受補助的人民工作，降低所謂的福利依賴。「在這之中，重要的是定義成功的構成因素，而我們會採取這種改革及轉換緬因州社福計畫的方法，是因為我們拒絕以社會福利計畫裡，那些身陷貧困的人所帶來與日俱增的案件量來定義成功，」緬因州衛生及公共服務部（Department of Health and Human Services）主任瑪麗・梅修（Mary Mayhew）告訴我。「我們談到美國夢，卻設計出讓人們身陷貧窮夢魘的社會福利計畫。我們的焦點不是要透過人們的貧窮或現況評斷他們，而是要透過他們的潛力，並且重新架構這些計畫為途徑，透過就業來讓他們脫離貧窮。」

但是抗貧倡議分子說，這種改變不太可能減少貧窮或提升就業率。工作要求對於有辦法找到工作的人幫助不大，而對於無法勝任勞動力的人則毫無幫助，華府智庫預算及政策中心（Center on Budget and Policy Priorities）的拉多娜・帕維提

（LaDonna Pavetti）說。「太多弱勢族群想工作卻找不到工作，而這些原因是工作要求無法解決的：他們缺乏技能或僱主要求的工作經驗；他們缺乏兒童托育補助；他們缺乏能幫助他們清查工作機會及獲得聘僱的社會連結；或是他們有犯罪紀錄或其他個人問題，因此僱主不願僱用他們，」她寫道。「此外，當父母無法達到工作要求，他們的孩子會陷入高度壓力又不穩定的情況，對他們的健康、力爭上游及長期成功都有負面的影響。」

如果要證明的話，看看一九九六年社會福利發生的狀況就知道了。一經改革之後，這項倡議看似十分成功。不過，經濟蓬勃發展以及讓人不至於做白工的稅務優惠，例如低收入家庭福利優惠，這才是讓母親們投入勞動力的主因。後來當經濟放緩，這項計畫的名冊顯然不斷縮水，因為它缺乏資金以及領取限制，所以州政府緊縮合格標準，或者乾脆選擇不要發放福利。到了二〇一五年，懷俄明州的社會福利計畫只涵蓋州內百分之五的貧困兒童。喬治亞州的社會福利計畫幾乎不存在，儘管極度貧窮的情況在該州極為普遍。

美國最弱勢的家庭結果變得更弱勢了，這包括父母沒有時間和資源去參加各項社福計畫，個人則是被社福的污名給嚇跑了，人民遭到執政者背棄。《兩美元過一天》（*$2.00 a Day*）的作者，凱瑟琳・艾登（Kathryn Edin）及路克・薛佛（H. Luke Shaefer）是兩位貧窮研究者，探討美國極端貧窮者的生活及應對機制。他們在書中敘述一名婦女表示，她領不到州政府福利計畫的貧困家庭臨時補助的補助金。「親愛的，我很抱歉，」行政官員說：「需要救助的人太多了，我們的經費不夠照料每個人。」

緬因州也是類似的結果，在進行領取限制及程序化改革的同時，領取補助金的人數減少了，但這些行動不見得是造成人數減少的原因，而懲罰的是那些最不穩定又最窮困的家庭。事實上，該州的補助計畫規模縮減，不過有一段時間，就業率降了一半。另一方面來說，研究顯示，被迫退出計畫的人生活狀況很糟。緬因州大學調查受到補充營養援助計畫的福利時間限制影響的家庭，結果發現在飢餓及無家可歸的比率都偏高，受影響的中等收入家庭每年所得只有三千一百二十美元。難怪勒帕吉的改革似乎加深了貧窮狀態：緬因州兒童的極度貧窮率比全美平均值增加了八倍，在二〇一一年到二〇〇五年間，勝過美國其他的每一州。

勒帕吉的政策全面實施中，而非營利工作者則表示他們面臨供不應求的情況。慈善廚房人滿為患，食物銀行無以為繼。「我們應付不過來，」賓達斯－泰尼告訴我。「情況不妙。」在北邊的偏遠地區，「世界的藍莓之都」契里菲（Cherryfield），我路過一家食物銀行。它開始在當地國小設置食物櫃，因為許多小孩都餓著肚子上學。

■ ■ ■

共和黨對安全網的議題大都著重在「依賴」及「工作途徑」。就算有可能出現安全網大幅減少找工作或賺取更多收入的動機，因為其中牽涉到福利損失，就算對於那些需要訓練、幫忙找到第一份工作，或是協助恢復生活秩序的人來說，打造工作途徑似乎是運用這些錢的好方法，因為這些計畫涉及民主及共和兩黨的政府，即便有越來越多美國人變得更依賴並和聯邦福利計畫分不開。然而，在無家可歸及極度貧窮的議題上，那些關於「依賴」及「工作途徑」的言論顯得格格不入。

根據聯邦政府的收入門檻，在美國的極度貧窮生活意謂著，單身者年收入僅六千美元，或育有一名子女者的年收入達八千美元。我遇見的人們描述這種生活會帶來創傷。席維斯痛恨在收容所排隊使用公共廁所，而且有一次她排到憋不住而尿出來。畢夏普討厭她沒有私人地方收納個人物品，而且經常遭竊。「在收容所是睡在薄墊上，」她告訴我。「那很難受，很多人都需要不同的布置安排才睡得著。收容所太小，也太擠了，空間根本不夠。環境老舊又破爛。你需要的是，人們能先在收容中心妥善安頓，然後得到服務。」

對肯恩來說，首要的需求是收容所和醫療照護。「我的社工說：『我們要替你申請保險，』」她說。「我只是需要身心障礙手冊。」其他人表示他們需要戒酒或戒毒的支援、交通費，或是解決心理問題的密集諮商及醫療。在這些情況下，職務或工作要求不會是脫貧的首要途徑，食物券或房屋津貼也一樣不夠。「我常說，從這裡到那裡有三十個第一步，」退役軍人及前披薩店經理皮塔賽克告訴我，他敘述著要他回歸正常生活，有多少需要正確達成的事。「而我無法一次跨出那三十個第一步。」

不過提供貧窮者那些第一步，可能意謂著把他們視為因貧窮而接受施捨的人，而這從來就不是這個國家的社會契約。我們相信接受房貸減息和接受房屋補助券之間存在著道德差異。我們批判、邊緣化並羞辱窮人的貧窮，甚至要求他們提供尿液樣本，要強迫他們為了健康福利去當志工。我們就這樣容忍了在先進國家中荒謬又絕無僅有的貧窮程度。

這種貧窮帶來了絕大的代價，不只是在經歷貧窮的那些人身上，對我們大家來說都是如此。二〇〇七年，喬治城大學（Georgetown University）勞工經濟學者哈利．霍哲（Harry Holzer）計算，兒童貧窮每年耗費美國約百分之四的國內生產總值，因為這會減低生產率及工作量、增加犯罪率，並且提高兒童成人之後的公共醫療支出。這樣一年大約是七千億美元，略高於美國在軍事方面的花費，略低於社會安全上的支出。他表示即使這樣，可能也是低估了。「除了低生產力、犯罪及醫療，他們忽略了貧窮可能會讓國家付出的其他代價，例如環境成本，以及窮人本身面臨的痛苦。」

換句話說，讓每個人遠離貧窮線，享受有尊嚴的穩定生活，需要的不只是慈善行動。這也包括為人們的生活投注創意、才智及努力，以成就更遠大的美善。

▪ ▪ ▪

自由黨人查爾斯．默里告訴我，社會福利計畫有雙重問題：美國設法讓數百萬人陷於貧窮而不顧，以及它花了更可觀的金錢設法這麼做。他說的是自由黨人的無條件基本收入例子，也是由弗里德里西．海耶克（Friedrich Hayek）及米爾頓．傅利曼所提出。事實上，海耶克提倡「每人最低收入」，當作「就算有人養不活自己時，也不至於淪落街頭的最低保障」。傅利曼則倡導負所得稅，尼克森後來接受了這項提議。「讓我們為美國所有養育子女的家庭提供收入保障吧，」尼克森在一九七一年的國情咨文說。「而且不要有那些摧毀接受社會福利孩童的人生、貶低人們尊嚴的羞辱。」

二十多年來，默里呼籲減少現有的社會福利計畫，包括醫療保險、醫療補助、社會安全系統、社會福利、房屋補助計畫，以及公司補助金及農業補助金，然後以每個月一千美元的信用額度來取代。他主張「要應付人類有史以來不曾有過、而我們即將面臨的勞動市場，這是唯一的希望，也代表了我們要讓美國公民社會恢復生氣的最佳希望。」方法是讓人們為了自己的生活負責，政府不要出手干預。這會促使人民更加仰賴彼此，而不是政府的支援。「在處理人類需求方面，政府機關是所有機制之中最糟的一個。它們必然受到規則限制，而這些規則會一成不變地套用在文件上顯示有相同問題的人們身上，但這些人對不同型態的協助會有不同的回應，」他寫道。

然而默里的方法有幾個問題。他說得沒錯，美國有太多抗貧計畫，使用起來令人感到困惑，而且在某些情況下會難以執行。不過它們的間接成本通常頗低。所有的主要抗貧計畫，例如補助營養援助計畫、醫療補助、房屋補貼券、社會安全生活補助金、低收入家庭福利優惠，以及學校午餐計畫等，每一美元至少有九十美分是直接花在補助津貼上頭。大部分都超過這個比率。社會安全系統是每一美元有超過九十九美分花在補助金方面。精簡經常性費用實在也省不下多少錢。

其次，精簡國家現有的抗貧計畫，把它們轉換成無條件基本收入，卻沒有在安全網方面做出任何改變，結果可能會加重貧窮的現象。這很容易就能算出來。根據經濟學家艾德・度倫（Ed Dolan）估計，取消所有需要審查的計畫，除了能提供或補助醫療保險等，每人每年還能增加一千五百八十二美元。光是這樣，無法把所有人都提升到貧窮線以上。默里提議給每位美國公民一年一萬三千美元，但要求其中三千美元要花在醫療保險上。他也希望能把年收入超過六萬美元者的補助金降到一年六千五百美元。然而在那套系統下，數百萬低收入家庭最後可能會更貧窮。貧窮和不平等的情況可能會增加。

即使一些比較先進的無條件收入提案最後可能對貧窮也助益不大，而且完全無法改善不平等的問題。以安迪・斯特恩的提議為例，他建議給所有成年人每個月一千美元，再加上額外津貼給年長者。他明確指出他會「終結現有一百二十六個計畫中的許多個」，而且刪減社會福利來支付這項措施，以及提高某些稅收。這可能不如默里的計畫那麼激進，但依然可能無法降低貧窮率。「如果搭配斯特恩的無條件基本收入計畫，單親家長必須在聯邦政府規定的七點二五美元最低薪資之下，每周至少工作三十二小時，才可能清除貧窮門檻，」法律學者丹尼爾・海莫（Daniel Hemel）寫道。「假如這位父母是唯一照護者，這種標準會很難達成，特別是萬一斯特恩以聯邦資助兒童照護的資金來支付無條件基本收入計畫。」問題是，無條件基本收入稱不上靈丹妙藥，政策的規畫才重要。

無條件基本收入雖然名聲響亮，其實並非兩黨的政策解決方案。現在有一種惡劣又荒謬的觀點，認為無條件基本收入方案會吸引兩黨，作為雙方都能利用的一種兩面手法。無條件基本收入的理念或許兩黨皆有，但目的和手法永遠不會兩面都討好。無條件基本收入或許能用來縮減或大幅擴張安全網。它可能導致稅額降低，或者對富人課以重稅。它當然不可能一次辦到所有的這些條件。

根據我在緬因州、肯亞及印度看到的情況，我更加確定了一件事：經濟學者長期以來關注的貧窮，其實和社會排斥的關聯不亞於貧困的事實。施行無條件基本收入或另一種全面無條件現金計畫，或許能幫助我們解決其他型態的排斥，無論是扼殺有色人種孩童潛力的種族霸權、損害婦女工資的性別不平等、或是其他成千上萬的諸多不平等、差異及不公平。

回到一九四四年的寒冬，在緬甸、法國到埃及，美軍正在奮戰，傷亡無數；

第6章 衣衫襤褸的邊緣

在美國人的心裡，經濟大蕭條的摧殘依然記憶猶新；羅斯福總統在國會演說時提出了第二權利法案。法案通過後，美國便致力保護「某些不可讓渡的政治權利」，例如言論自由以及由陪審團審判，他說。不過，那些政治權利卻證實無法帶給每個人「追求幸福的平等權利」。美國人需要更多的保障以及相互依存，每個人都有機會功成名就，追逐夢想。他表示大家最終會以提供保障、機會及相互依存的能力來評判美國。羅斯福為此呼籲國會打造計畫，確保所有公民的收入、就業、住宅、醫療保險、社會安全、教育及自由，遏阻不公平競爭及壟斷。那種支持改革的願景，歷經技術專家政治及新自由主義的柯林頓、布希和歐巴馬時期，大都消失了，但無條件基本收入對話又再度把它找回來。

第 7 章

相同的惡劣對待

種族財富差距永遠不會縮減到接近的程度。
珍視黑人生命運動（Black Lives Matter）的
迫切性、終結大規模監禁的呼聲四起、
歐巴馬總統任期接近尾聲、川普總統任期開始、
街頭的納粹和種族主義者的憤怒遊行：
在這些風潮四起之際，
無條件基本收入對話浮上檯面。

二〇一五年的某個秋天早晨，住在華府的身心障礙非裔美籍退伍軍人及單親媽媽艾瑞莎·傑克森（Aretha Jackson）穿了一件鮮紅色上衣，戴上一串珍珠項鍊。她在母親、兒子及女兒的陪同下，前往美國國會大廈參議院，坐在簡報桌旁。面對著絕大多數是年長白人男性成員的財政委員會，她提出證詞，說明自己的安全網經驗，詳述她在孩提時代的社福計畫，二十年的軍旅生涯，以及她在可能是全美最嚴苛的救助計畫中得到的待遇。

她的社會福利經驗並非全然是負面的。早在一九九一年的柯林頓改革時期之前，她便尋求過協助。當時「要領到食物券和現金補助並不困難」，她說。「華府的房屋補助計畫幫我付了第一間公寓的保證金和家具費用，這項計畫讓我能得到生活基本所需，我因此有餘力去照顧我的孩子，重返職場。」她最近得到的社福協助是來自華盛頓的工作計畫，叫作America Works，提供美國軍人事務部的全職工作。「他們為了必須重返職場的人提供非常實用的守則，」她告訴我。「你能拿到工作津貼，但假如你沒做好該做的事就會被扣掉。和真正的工作比起來，這非常實際。」她說那裡的工作人員總是讓她感覺被尊重，也肯授權讓她去做事。

不過她發現在人生中的其他時候，例如努力應付無家可歸的日子、獨力養育子女、承受在戰時被派駐到伊拉克而罹患的創傷後壓力症候群等，這項計畫並不容易加以運用，而且工作人員愛批判人又沒有同情心。那是缺乏專業精神，她告訴我，「我是有身心障礙的退伍軍人，這計畫在我身上出現了各種變數。我工作過，遇到了一些狀況，導致我必須回去領取社會福利。我的比較結果是：我知道專業精神是什麼模樣。但是說到社會福利，它變得像是我要找你談，然後你對待我的態度，彷彿我要你從你的口袋裡掏錢出來給我。這很難解釋清楚。這是用貶低的態度來對待領取社會福利的人，真的很瞧不起人。」

再加上她接受過的許多安全網計畫，從未幫助她取得新工作技能、找住處、養小孩，或者只是維持家計，甚至在她取得學士學位之後也是一樣。傑克森發現她的資格符合許多計畫，例如食物券、救助金，以及來自軍方及美國軍人事務部的協助。她因此感到困惑、矛盾又不解，尤其是這些福利嚴格又不公平的規定。

「這些福利夠嗎？」她說。「哪裡會夠呢？絕對不可能。」雪上加霜的是，那些複雜過程似乎是設計來愚弄及懲罰人的。傑克森擔心萬一她出了一個差錯，就會被認定是詐騙。他們強調所有可能會發生的壞事，而且不會告訴你使用這個系統的最佳方式。「假如你有身心障礙，像我一樣，問題可能來自四面八方。他們會說：『好，假如你領取這個，就拿不到那個。』但這樣還不夠。這不只令人感到困惑，更感到羞辱。」有一次她收到一封信，裡面寫說她欠了政府幾千美元。她寫信去抗議，但從沒收到回音。

她告訴我，從她在華府的公寓大樓，能看到閃閃發亮的白色國會大廈。她是大樓的租戶委員會主席，因此盡力確認買下大樓並改善該區的開發商會協助長期住戶。「先前的屋主有好多年都沒有漲房租，」她說。「不過新屋主進駐後，原先租金七百美元的公寓，漲到了九百七十五美元。」租戶達成的協議是要確保新屋主能重新整修所有的五百四十九個單位，更新管道系統及窗戶，並且修補屋頂。「他們上周才拆完休閒中心，正在建造一個全新的頂級設施，裡面包括托育室及教育中心，」她告訴我。不過租戶依然是租戶——承租者而非屋主——因此無緣享受房地產開發商接收政府合約、補助貸款計畫及措施等資源之後，為華府帶來的快速仕紳化。

在國會大廈聽證會的政治人物承認，像傑克森這樣的家庭依然過著貧窮或接近貧窮的生活，這是政府政策的選擇以及失敗。「讓養育兩個小孩的單親母親賺取每小時七點二五美元的工資，依舊生活在貧窮線之下，」科羅拉多州參議員麥可・班奈特（Michael Bennet）說：「我認為這是一種恥辱。」美國有許多兒童生活在貧窮之中，數百萬孩童的家庭沒有現金收入，他補充說明：「這對這棟大樓裡的每個人來說，應該都無法接受，而且當我們的國家面臨這樣的難題，在這個地方發生的權術鬥爭更是令人無法接受。」

然而在這棟大樓裡的每個人應該要為那些政策後果負起大部分的責任，尤其是和美國種族主義傳統緊密相關的那些。政府政策說明了為何黑人家庭比白人家庭更容易陷入貧窮。它悄悄地把黑人家庭推向吝嗇又帶批判色彩的社福計畫，而不是慷慨又能默默打造財富的計畫。它離間承租戶及屋主。政府政策把艾瑞莎·傑克森這種人當成包袱，而不是客戶、領取社會福利者、公民，或是投資的良機。「這是不正常的常態，」當傑克森談到透過性別及種族的有色鏡片來體驗安全網時，對我這麼說。「這樣不正常，而且不該被接受，但它被接受了。無論我去哪裡，做什麼事，事實是你是少數族裔婦女、單親母親、身心障礙的退役軍人、領取社會福利，還有一大堆其他的標籤……」她的聲音逐漸變小。「我到哪一處的辦公室都沒差，依然得到相同的差勁待遇。」

然而政府政策——包括全面政府政策、無條件政府政策、無附帶條件政府政策等——都可能開始修正這些令人惱怒的不平等，我心想，只要華府的每個人能夠開始考慮這些。

■ ■ ■

歐洲及美國有很多共同點，例如龐大又多元化的經濟體、代議制政府、大致相同的法律體系、本土家庭的勞動力老化與出生率降低、中等階級收入大約落在五萬美元、健康及收入的不平等逐漸增長。不過這兩者在一個非常重要的方面大不同。歐洲的安全網為幾乎所有的本土出生者消除貧窮，更減輕了收入不平等所造成的影響。為了達成這樣的目標，歐盟各國政府每年徵稅，並且支出相當於國內經濟產出的一半金額，而美國僅支出約三分之一。

二〇〇一年，三大經濟學者，哈佛的艾伯多・亞列西那（Alberto Alesina）及愛德華・格列瑟（Edward Glaeser），以及達特茅斯學院的布魯斯・薩瑟多特（Bruce Sacerdote）提問，為什麼大西洋兩岸有許多地方十分類似，但經濟體卻如此不同。他們探討了幾項經濟解釋：稅收及轉移之前的所得分配狀態、個人所得波動、以及所得預期成長。他們並不相信那些因素帶來任何影響。沒錯，他們的坦率結論是：「在美國，種族是社會福利支援最重要的預測因子。美國的複雜種族關係顯然是美國並非福利國家的主因」，因此政府機構的規模較小。

對於這幾位經濟學者的發現，社會學者、心理學者及政治學者想必都不意外。無論那些研究者用哪種方式去測試，研究結果顯示關聯強化互助，親近助長無私。人類不信任和自己長得不一樣的人。我們不贊成那些提供協助給我們眼中的「外人」的計畫。當新臉孔出現在我們的社群之中，我們的信任感降低，付出也更少。哈佛大學教授，也是《獨自打保齡球》（*Bowling Alone*）作者羅伯特・普特南（Robert Putnam）做了一項著名研究，結果發現「在多元化種族的地區，所有的居民都傾向於『站穩腳跟，迎接挑戰』。信任感（即便是對自己的種族）較低，利他及社群合作較罕見，朋友也較少」。另一項研究顯示，在不同族群之間，「異質性阻礙所有形式的合作」，尤其是族群之間發生過眾所周知的負面歷史，例如非裔血統者的奴役歷史就是個好例子。

在美國，只要想到種族方面，人們就會變得比較保守，也更反對重新分配。兩位社會心理學者，來自紐約大學的莫琳・奎格（Maureen Craig）以及耶魯大學的珍妮佛・里奇森（Jennifer Richeson）做了一項研究。她們找了兩組白人的無黨派人士。她們問其中一半的受試者是否知道「國內西班牙裔美國人的人數已經和黑人差不多」，然後問另一半受試者是否知道「加州已經成為少數族裔占多數人口的州」。接著她們問受試者的政治傾向。第一組的受試者被問及的問題，並沒有威脅到他們的種族狀態，其中傾向左翼的人數，大約是傾向右翼的兩倍。第二組的受試者被問及威脅到他們種族狀態的問題，而他們之中傾向右翼的人數，大約是傾向左翼的兩倍。

所以會傾向於建立強大福利國家的是由同一類人組成的小國家，而非多元化的大國家，似乎就不令人感到意外了。舉例來說，芬蘭的福利制度幾乎和實行資產審查政策一樣接近無條件基本收入；該國只有六百萬人口，其中有九成在家都說芬蘭語。挪威只有五百萬人口，除了捨入誤差之外，所有人的人種都是挪威人。這些白人小國家往往有強大的中央集權政府，採取比率代表制及共識基礎運作。另一方面，美國是兩極化的兩黨制，而且在上議院，人口少的農村州和人口多的都會州擁有平等地位。它也有強大的州權傳統，一再壓迫全面福利計畫的發展。政府機構打造政治系統，政治系統建立重新分配機制，同質性影響了國家花多少經費在社會福利計畫上。

有較多種族的國家傾向於只把一小部分的國內生產總值花在社會福利支出，而偏向單一人種的國家，在這方面則往往花費較多的國內生產總值。亞列西那、格列瑟及薩瑟多特發現，比利時、盧森堡、瑞典、荷蘭及法國，這些國家在語言及種族上都具有高度同質性，它們花費的國內生產總值都將近或超過百分之二十。另一方面來說，美國花費的國內生產總值則只有百分之十。

歷史學家對這三位經濟學者的結論可能也不會感到意外。美國有很多安全網及打造財富計畫都是設計來排斥、懲罰及約束這個國家的奴隸後代。經濟大蕭條之後，華府打造了那套綜合聯邦保險系統，讓年長者、兒童及身心障礙者免於貧窮並救助失業者。但一九三五年的社會安全法案把農務及家務工作者排除在保險給付之外；維吉尼亞州參議員哈利・拜爾（Harry F. Byrd）主張，把那些人涵蓋在內，等於是在南方「給了聯邦政府出手干預如何處理黑人問題的機會」。這段歷史既複雜又極具爭議，但政策結果十分清楚。這項法案通過之後，它解除了南方三分之二的黑人工作者領取老人年金、失業保險以及僱員補償計畫的權利。

南方州也堅持，除了社會安全計畫之外的許多福利都要交由州政府管理，而非聯邦政府，這也給了他們機會把黑人家庭排除在外。以傑克森作證的那套變成福利救濟的失依兒童補助計畫為例。吉姆・克勞（Jim Crow）時期的立法確保了黑人婦女取得和白人婦女大不相同的系統，地方及州政府制定一連串冗長複雜的政策來排斥、羞辱及懲罰黑人母親。居住要求使得美國黑人無法在南方跨州尋找更好的工作機會，或是搬到北方以符合補助的資格。許多州都有「屋內出現男性條例」，意思是社工可以突襲檢查，看家裡是否有男人出現。萬一他們發現了男性的蹤跡，例如衣帽架上有一頂帽子，補助就取消了。

同樣地，美國的種族問題成了阻撓全面健康保險計畫的工具，即使大多數歐洲國家在十九或二十世紀就已經建立這類的計畫。我們並未朝全國資助提供照護的方向走，而是更加投入目前大幅仰賴私人供應者的隔離系統。「基本來說，美國奇特的私人醫療保險系統至少在某種程度上是存在的，因為這個國家致力維持種族的等級制度，」《大西洋月刊》（*Atlantic*）作者凡恩・紐科克二世（Vann R. Newkirk II）說。「結果造成在幾乎所有重大疾病的大幅種族差異、壽命及死亡率的持續間距，以及打造出完全分離的醫療及公共衛生基礎建設。」

這種歧視持續不斷，甚至在平價醫療法案（Affordable Care Act）通過之後也一樣。在歐巴馬時期，醫療補助計畫擴大到非身心障礙者及無子女的成人。二〇一二年，最高法院裁決各州應該有權選擇退出聯邦資助擴展計畫。二〇一七年中，南方邦聯的十一個州裡面只有兩個擴大施行：路易斯安那州及阿肯色州。北方聯邦的二十個自由州則除了緬因、威斯康辛及堪薩斯三州之外，全部擴大實施。研究者發現，某個州是否採取擴展計畫，似乎只聽取白人的意見，而不是少數者的看法。再者，當州內的黑人人口增加，結果就「更不可能擴展醫療補助計畫」。

美國可悲的種族主義在現金福利計畫的設計中呈現得很明顯，那些計畫是針對窮人的主要救濟措施中，最吝嗇、條件最多及最具批判性的一些。到了一九七〇年代，一項原本要救助白人寡婦的計畫，協助了越來越多的黑人單親母親。共和黨人尤其在乎這些婦女濫用這項系統的企圖。芝加哥有一名婦女「擁有八十個姓名、三十個地址及十五支電話號碼」，她因為有四位不存在的陣亡退役軍人丈夫而「領取食物券、社會安全救助、退伍軍人福利、以及福利補助」，雷根總統特別公開提醒大家有一位神祕的社福救濟皇后，而她最後成了沒有特別代表任何社會趨勢，深具個人魅力的罪犯。「她的免稅現金收入每年高達十五萬美元。」

這種羞辱催生了柯林頓時期的改革，限制這項計畫自從一九九六年以來維持不變的整體花費，幫助越來越少的孩童脫離極度貧窮，並且不成比率地懲罰黑人寶寶和母親，不過這項計畫直到現在救助的大都還是白人。是柯林頓讓工作成為領取福利的條件，擴大了黑人婦女在工作場所經歷的種族歧視。「強迫婦女投入有酬工作的要求和時間限制，並沒有在性別或種族中立的環境中實施，」有色人種婦女資源中心（Women of Color Resource Center）的共同創辦人琳達・伯罕（Linda Burnham）主張。換句話說，工作要求對於在就業市場受歧視者的衝擊，遠大於在就業市場受歡迎的人。反黑人歧視在美國生活中是一項牢不可破的特色。

柯林頓改革也給了各州更大的自由，選擇要提供弱勢家庭哪種協助。不可避免的是，擁有大量黑人人口的州變得更錙銖必較，限制也更多。在白人比率最高的佛蒙特州，有百分之七十八的貧窮家庭獲得福利救助，而曾經蓄奴的路易斯安那州只有百分之四。三種等級的家庭月領最高補助金從黑人居民占百分之三十七的密西西比州，每月只有一百七十美元，到黑人居民占百分之四的阿拉斯加，月領高達九百二十三美元。「當我們檢視這些個別政策，我們能看到擁有較高比率的非裔美籍人口，代表較低的最高福利補助金等級，以及較嚴格的最初核准標準，」美國城市研究所（Urban Institute）針對這項主題的研究報告作者海瑟・哈恩（Heather Hahn）告訴《大西洋月刊》。「當我們把所有資料放在一起，全面檢視後，我們會看到這種一致的模式。」

更明確地說，美國黑人發現他們有過多比率的人領取帶有嚴重社會污名化色彩的資產審查福利計畫，而有過多比率的美國白人接受無形、自動又非污名化的減稅優惠。以二〇一二年的任何一個月份為例，白人家庭比黑人家庭更有可能得到中立的無形政策，例如貸款利息抵扣。有百分之六十的受領者表示，他們「從未使用過政府的社會福利計畫」。在那一年，大約有百分之四十的美國黑人領取資產審查補助金，而美國白人則是百分之十三。「在利益團體影響及選戰壓力之下，長期以來打造成形的美國社會福利計畫，反映出那些制度化的政治不平等，」知名社會學者及長期以來的無條件基本收入擁護者法蘭西絲．法克斯．皮文（Frances Fox Piven）寫道。

■ ■ ■

美國在打造排除並懲罰黑人家庭的安全網之餘，也建立了支持白人增加財富的累積機制。這不單是由市場力量及個人努力來決定在美國誰能成功發達，誰又會繼續過窮日子並且被排除在外，其中還有政府政策，以及根深柢固的文化及社會因素。

美國自立國至今，歷史久遠又複雜，不過就算只檢視縮影也夠糟了。在經濟大蕭條和吉姆．克勞期間，國會通過了國家住宅法案（National Housing Act），目的是穩定房價以及降低房貸。一開始，聯邦住宅管理局（Federal Housing Administration）拒絕為黑人社區的貸款投保，也就是說，就算富有的黑人也無法取得貸款買房。開發住宅計畫的建造商「接受聯邦貸款保證，但明文規定不能把房屋賣給黑人」。此外，黑人退伍軍人大都無法取得美國退伍軍人權利法案（GI Bill）提供的房屋貸款。到了一九八〇年代中葉，中產階級的白人家庭淨值將近四萬美元，是黑人家庭的十倍。歷史學者伊拉・卡茲尼爾森（Ira Katznelson）認為，這種差異大都源自於黑人家庭缺少房屋擁有者。

白人家庭的偉大世代開始打造財富，然後傳給嬰兒潮世代、X世代及Y世代。他們住在得到政府投資的社區，也得到大幅稅額補助的好處。黑人家庭的偉大世代依然是租戶，或者在破落的社區買房。他們居住的城鎮區域有公路貫穿，沒人要投資。這些政策依然深深影響現代的家庭價值以及美國的財富分配。大部分極端貧窮的社區現在是少數族裔占多數人口，居住在貧民窟的五個人之中，就有四個是黑人和西班牙裔。中等富裕黑人工作者居住的社區貧窮率要高過中等貧窮白人工作者居住的社區。這對黑人兒童的社會地位流動性來說有重大的影響。根據經濟學者的評估，黑人及白人之間的薪資差距，大約有百分之二十是源自人們在孩提時代居住的社區。

黑人家庭及工作者也承受美國退伍軍人權利法案中其他種族主義規定的困擾。戰爭結束後，在南方州想念大學的黑人只能從一百所院校當中選擇，而且大部分都是資金不足的小學校。這些黑人院校拒絕了約百分之五十五的申請者，而當時全國的高等教育正蓬勃發展。多虧了退伍軍人權利法案，白人退伍軍人平均多四個月的教育補助，非南方州的黑人退伍軍人則補助五個月。來自南方州的黑人退伍軍人拿不到任何補助。

體制隔離傷害了教育的可能性，以及數百萬黑人兒童及黑人工作者的人力資本。到了一九五〇年，大約每五位白人就有一個念過大學，而黑人則是二十個之中才有一位。研究者估計「真正的『隔離但平等』」教育系統能把黑人及白人的薪資不平等減少一半。然而這種不平等依然存在。布朗訴托皮卡教育局案（Brown v. the Board of Education）是廢除公立學校系統種族隔離的劃時代案例。然而在六十年之後，根據美國進步中心（Center for American Progress）的一份報告發現，白人學生占大多數的學校比起少數族裔學生占大多數的學校，在每位學生身上的花費要高出七百三十三美元。作家妮可・漢娜－瓊斯（Nikole Hannah-Jones）表示，就某些方面來說，教育隔離在近年來變得更糟了。

政府政策的力量加上種族主義的力量，更加確保黑人家庭落後於白人家庭。無論是哪種年齡層或教育程度，黑人工作者的失業率大約是白人的兩倍，這證明了自一九四〇年代以來的鴻溝依然持續不變。就業率差距加深了種族收入差距。在這方面有許多方式可以測量。二〇一五年，黑人的每小時工資是十五美元，白人則是二十一美元。黑人家庭的中等年收入是三萬六千美元，白人家庭則是六萬一千美元。更糟的是，自一九七九年以來，黑人及白人的薪資差距日益加深，收入不平等的情況更是加劇。

種族財富差距是這些不平等中所造成的最大傷害，而且顯然是由美國經濟政策所造成。就是根據美國經濟政策研究院整合的數據發現，白人家庭的中位數資產淨值比黑人家庭高出十二倍。四分之一的黑人家庭沒有資產淨值，或者是負數，而白人家庭只有十分之一。就算把年齡、收入及職業等列入考慮，結果依然不變。黑人和拉丁裔幾乎占了美國三分之一的人口，然而只擁有國內百分之五的財富。以流動資產來說，「黑人及拉丁裔差不多一無所有，」新學院（New School）的戴瑞克．漢彌頓（Darrick Hamilton）寫道。退休儲蓄不算的話，典型黑人家庭的銀行戶頭裡只有二十五美元，而且這種趨勢有增無減。政策研究學會（Institute for Policy Studies）及企業發展公司（Corporation for Enterprise Development）的一項研究發現，這三十年以來，白人家庭的平均資產淨值攀升了百分之八十以上，是黑人家庭比率的三倍。假如這種模式再持續三十年，白人家庭會每年獲得一萬八千美元的財富，而黑人家庭則只得到七百五十美元。種族財富差距永遠不會縮減到接近的程度。

珍視黑人生命運動（Black Lives Matter）的迫切性、終結大規模監禁的呼聲四起、歐巴馬總統任期接近尾聲、川普總統任期開始、街頭的納粹和種族主義者的憤怒遊行：在這些風潮四起之際，無條件基本收入對話浮上檯面。

《大西洋月刊》作者塔－尼西西・寇茲（Ta-Nehisi Coates）在他寫的〈論補償〉（The Case for Reparations）一文中提出道德論點，試圖修補這些不公不義。「我要談的不只是補償過去的不公不義，也不是施捨、清償、封口費或不情願的賄賂，」他寫道。「我要談的是能帶來精神革新的全國清算。補償意謂著終結在國慶日大啖熱狗，同時卻否認我們傳承的事實；補償意謂著終結吶喊愛國主義，同時卻用力揮舞邦聯旗；補償意謂著美國意識的革命，重新調整我們的自我形象，正如那些偉大的民主黨人重新調整我們的歷史真相。」

無條件基本收入根本無法發揮補償作用，這是為了贖罪以及解除幾世紀以來的政府政策，因為它造成了美國現存的種族特權系統。要想像這會需要哪些改變，我們要檢視珍視黑人生命運動所支持的政策。它呼籲「撤資再投資」，把監獄國家的預算拿來支持有色人種的社區。它也推動重新建構稅法、改善工作計畫、分拆銀行、改變貿易協定、結束超級政治行動委員會（Super PACs）、實施參與式預算、消除現金保釋、解除武裝執法、清除紀錄、打造真正的全面健康保險、提供真正的全面教育政策、大幅削減軍費，以及從石化燃料業撤資。這份清單長到說不完。以政府挹注在白人家庭、白人社區及白人學校的規模投資，換句話說，在我們目前的政治氣候所無法想像的投資，並且由於國會深受不同團體的影響而考慮代議制。

即便這種投資真的發生了，全球普遍存在的種族主義及奴役傳統還是會繼續。「儘管這個平台專注於國內政策，但我們很清楚父權制、剝削的資本主義、軍國主義以及白人至上論會繼續蔓延，」珍視黑人生命運動提出這樣的論點。「我們孤軍和我們的國際家族並肩作戰，對抗全球資本主義及反黑人種族主義、人為氣候改變、戰爭及開發的大浩劫。我們也在持續的行動中和世界各地的非裔後代站在一起，努力想補償殖民主義及蓄奴所造成在歷史上及延續至今的傷害。」

然而在現存計畫中實施全面化及無條件原則，可以成為促進種族平等進步的強大工具；推動全民計畫會成為一九六〇年代民權運動及現代民權倡議者的中心宗旨，有部分原因即是為此。「我們生活在黑人族群的危機中，」經濟學者及經濟安全計畫（Economic Security Project）成員多利安・華倫（Dorian Warren）告訴我。「這是現代的絕佳解決方式。不是當自駕車出現時的某些未來造型事物。這是優雅的解決方式，你可以把絕對貧窮一掃而空，就打造一個更廣大的聯盟定義來看，我認為它會是通往其他種族團體的橋梁。」

這不會是補償。它不代表平等。它不會把黑人小孩和白人小孩放在相同的立足點。不過它會是走向未來的一步。

▪ ▪ ▪

然而這條「補助及種族」的銜尾蛇在吞食自己的尾巴。這令人感到不自在，但卻是事實。美國種族多元化在全面社會福利計畫的發展路上，築起一道難以克服的障礙，尤其是當投票者的年紀較長、較保守，而且膚色比容易辨識的那群人更白。有充分證據顯示，選出黑人總統以及福利國家隨之擴張，不但打擊了種族仇恨，也刺激川普出來參選。來自中左派的德莫斯（Demos）智庫的西恩・麥艾韋（Sean McElwee）以及舊金山州立大學的傑森・麥丹尼爾（Jason McDaniel）發現，對黑人的仇恨是川普二〇一六年選舉得到支持的主要因素。「許多對選舉不感興趣的投票者，直到二〇〇八年還是難以辨別哪個黨派是抱持幫助美國黑人的態度，」他們寫道。「歐巴馬的當選和隨之而來的強烈反彈，確保了沒有幾個種族改革派會投票給民主黨，而且也沒幾個種族仇恨者會把票投給共和黨」。選民審視內心，面對即將離職的黑人總統及接著上任的白人總統，思考自己該如何行動。「歐巴馬的總統任期及川普參選是接連打擊，傳遞出清楚的訊號，讓選民看清黨派的立場：一邊是多元化，另一邊是仇恨。川普以一場幾十年的運動為基礎，進一步將政府計畫種族化，因此磨滅了人民對安全網的支持，而且進一步公開將有色人種妖魔化。」

這種仇恨及對立情感在國內的白人國家主義者身上最明顯。他們在川普時期發現了新力量和公眾的注意。美國最著名的白人國家主義者理查・史賓賽（Richard Spencer），呼籲實施全民計畫，但是只納入那些他認為值得的人。他在AltRight.com網站上發表一篇名為〈為何川普必須為全民醫療保險而戰〉（Why Trump Must Champion Universal Healthcare）的文章中，主張「全民醫療保險和白人現在必須面對的計畫，比較不會令人混淆而且合理（而且或許更便宜）」，但是「我們必須接受，醫療保險是我們無法理性處理的問題，直到我們有一個歐洲化的國家」。

當然了，這個國家不會變得更歐化，它是變得更多元化，也變得更不平等，而且偏左派，對大幅重新分配及全民計畫的支持驚人地成長。謹慎的資產審查提案以及柯林頓和歐巴馬總統任期內賣力提升的士氣都沒了。伯尼・桑德斯（Bernie Sanders）正積極推動全民醫療保險（Medicare for All）。美國進步中心稱得上是左派最具影響力的智庫，積極推動聯邦就業保證。希拉蕊的團隊眼看情勢改變，甚至默默的準備提案，要把社會救助變成某種的兒童無條件基本收入。更令人意外的是，她在二〇一七年選舉回憶錄《事發緣由》（*What Happened*）中揭露，她玩弄以基本收入為參選主張的概念，資金則來自「共享國家資源」的收益，例如從石油、天然氣公司及電信業收取的權利金。「除了讓人們的口袋裡多了現金，這也是讓每個美國人感覺和國家以及彼此關係更緊密的一個方式，帶給人們更遠大的夢想，」她寫道。「不幸的是，我們資金不足。」看來共和黨二〇二〇年的候選人會以全民福利計畫為參選主張，紐澤西參議員柯瑞・布克（Cory Booker）已經對無條件基本收入表達試探性支持。

這種計畫能讓住在遠郊地區的中產階級美國白人和住在南方鄉間的黑人單親媽媽，或是住在拉斯維加斯的拉丁裔家庭都得到相同的福利。理論上來說，無條件化可能讓他們遠離某些救助計畫帶來的污名，例如食物券、第八類房屋補助計畫和救助金，並且保護他們免於被右派刪減預算。沒人抱怨鄰人領到醫療保險或社會救助金，因為他們知道自己也能從這類政策獲益（把補助金加到稅則裡，化於無形，就像低收入家庭福利優惠及兒童稅額減免的做法，似乎行得通）。讓人人受益的計畫當然不需要讓每個人的獲益平等。打造一個全民醫療給付的系統，或是實行負所得稅（ＮＩＴ）政策，對貧窮家庭的幫助比富裕家庭更大，對黑人家庭的幫助也勝過白人家庭。不過在一切就緒之後，它們幫助每個人的可能性或許能去除它們的害處及污名，即使它們無法修補讓黑人家庭比白人家庭更貧窮、教育程度更低以及較不富裕的深刻傷害。那些關於機器人、科技性失業及沒有工作的世界的說法，把無條件基本收入和救助金區分開來。這種特點讓人們不再談論那些似乎突出、重要又明顯的種族和全民福利的議題。

至於傑克森呢，她說她很樂意去國會，設法改變那些人對補助金的想法。「我覺得他們需要多找幾位接受這項計畫補助的人談談，」傑克森告訴我。「數字是一回事，事實是另一回事。我覺得缺少的是人的觀點。」不過，她還是告訴我，在她作證之後，沒有任何國會辦公室找她做後續處理。在我看來，她只不過是自柯林頓改革之後，上國會發表看法的少數幾位救助金領取人之一。

第 8 章

十兆美元的禮物

麥肯錫全球研究院（McKinsey Global Institute）估計，
假如婦女的無酬照護工作以全球最低薪資來支付，
這會增加全球產出值百分之十一，
或是十二兆美元（相當於中國的年產出值）。

一九七五年十月二十四日，百分之九十的冰島婦女進行罷工。爸爸們留下來換尿片、做早餐、安撫鬧脾氣的孩子，並且替他們換上外出服。孩子們陪爸爸和祖父去辦公大樓、碼頭、工廠及工作場所；托兒所關門，學校不上課。據說雜貨店的香腸都賣光了，因為那是男人能輕鬆煮給孩子吃的東西。商店關門。餐廳和咖啡館不營業。島上有半數的報紙都沒印刷。戲院一片漆黑。國內航空公司取消班機。銀行找不到行員上班。這時候有幾萬名冰島婦女群聚在雷克雅維克的一處廣場上，彼此擁抱，高舉標語，呼喊抗議口號。

罷工發起人潔德．史坦索多提（Gerdur Steinthorsdottir）告訴《紐約時報》，婦女放假日的用意是想「展現婦女對國家經濟及國人生活是不可或缺的」。她聲稱活動空前成功，許多其他的冰島人，男性、女性、保守黨或自由黨的人也這麼認為。「那天的行動是冰島女性解放的第一步，」前總統維格迪絲．芬博阿多蒂爾（Vigdís Finnbogadóttir）後來告訴BBC（在示威當時，她是離婚的單親媽媽；放假日啟發她競選的念頭）。「它完全癱瘓這個國家，讓許多男人大開眼界。」

經濟學者一直以來都知道，女人的工作，特別是女人的照護工作，有著不被認同而且在某些方面來說難以辨識的價值。生兒育女、看護身心障礙及生病的人、照顧老人，以及扶助不久人世的人，這些是少數幾項比較具有社會重要性的事。但是這些勞務大都是無酬的差事，就算有報酬，經常也只有微薄薪資和少許福利。無酬照護工作不列入我們的經濟統計及政府帳目，而且在大眾的心目中不被重視。

有些智庫、學院、政府機構會試圖估算這些無償照護工作為全球經濟帶來多少價值。他們算出來的數字令人大感驚奇。根據美國退休協會（American Association of Retired Persons）研究部門估計，美國有四千萬戶家庭照護者每年提供總值五千億美元的成人無酬照護，其中有三分之二的照護者是年長婦女。《刺胳針》（*Lancet*）醫學期刊的一項研究評估，有三十二個國家的婦女每年提供總值一點五兆美元的健康照護。麥肯錫全球研究院（McKinsey Global Institute）估計，假如婦女的無酬照護工作以全球最低薪資來支付，這會增加全球產出值百分之十一，或是十二兆美元（相當於中國的年產出值）。

更廣泛地說，根據經濟學者評估，照護者提供的勞動力等於單一國家百分之十五到六十五的國內生產總值，在美國約為百分之二十六，瑞士是百分之四十，印度則為百分之六十三。經濟合作暨發展組織的一項研究，評估無酬照護工作在重置成本（找一個人來做這些工作要給付多少錢）及機會成本（假如不做這些事而去找份工作，可以賺多少錢）兩方面的價值。在不同經濟體之中，重置成本大約是百分之十六到四十三之間，等同一年大約數十兆美元的照護工作，大部分是由女性負責，而且很多都是有色人種女性。

然而不知為何，這些龐大數字似乎不足為道，對這些金額的描述也讓人覺得很廉價。正如知名英國經濟學者亞瑟・賽西爾・皮谷（Arthur Cecil Pigou）所主張，社會福利無法「直接或間接和金錢的量尺產生關聯」。無償照護工作並非剛好是免費付出的勞務，而是最基本的經濟效用。無酬照護工作者提供基礎結構，正式勞工才得以存在。由於大部分是由女性負責這類工作，正如冰島婦女試圖在一九七五年秋天所表達的：少了她們就沒有全球經濟，正如少了男性也不會有全球經濟。引述馬克思及恩格斯（F. Engels）的說法，正如女性主義者長久以來所主張，少了「再生產勞動」就不會有「生產勞動」。

無條件基本收入有部分的承諾是社會能給付人們的無酬勞動。「社會從女性對延續人類種族的無償貢獻中獲得好處，」茱蒂絲・舒勒維茲（Judith Shulevitz）在《紐約時報》發表的一篇評論中寫道。「我認為補償的時機到了。」提倡無條件基本收入以補償勞動力的性別嚴重差距，絕對是具爭議性的想法。薪資並不是社會認同的唯一方式，許多家庭分擔有酬及無酬工作，並且對這兩者的固有價值都抱持感激的態度。但是無條件基本收入強烈反對工作沒酬勞就沒貢獻的觀點，這關係到全民及無條件計畫的另一項爭議。

無條件基本收入不只是幫助改善照護工作者的薪資、讓父母負擔得起托育，或補償婦女做的那些無酬工作（儘管這幾項都辦得到），它的重點在鞏固每個人在社會的地位以及價值，確保每個人都有最低程度的所得，也就是有最低程度的選擇權。它會強化勞工和工作絕非同一件事的概念，也會挑戰國內生產總值、工作成長及所得是一個經濟體最重要評量的觀念。

■ ■ ■

聖誕節過後不久的一個霧濛濛早上，我花一天的時間跟著一位名叫羅莎娜·吉朗（Roxana Giron）的工作者行動。在薩爾瓦多慘烈的內戰時期，她的某位家族成員企圖把青少女的她賣給一群軍人，於是她便逃離了。她想辦法逃到洛杉磯，後來去了拉斯維加斯，住在一棟灰泥及木料搭建的平房，離五光十色的賭城大道不遠。這是平常的一天，她天還沒亮就起床，先換上一身整潔的看護員制服，然後餵她那隻四個月大的混種吉娃娃小花生吃飯。她享受了家裡最後幾分鐘的安靜氣氛，做了一些可頌火腿起司三明治當早餐。「我多希望鬧鐘響的時候是早上八點鐘，不是五點鐘，」她告訴我。「我好睏喔。」

接著當時四十四歲的吉朗叫醒她的青春期女兒卡拉（Karla），並且打開了她臥室裡閃爍的粉紅燈，要她去浴室洗澡。她把女兒床上尿濕的床單和防水保潔墊扯掉，丟進車庫裡的洗衣機去洗。她替女兒脫光衣服，哄她去沖水。幾分鐘之後，吉朗用毛巾把她包起來，趕她回臥室，替她穿上成人紙尿褲和乾淨衣物。

卡拉看到我坐在廚房餐桌旁時，尖叫了起來。「別亂動，」吉朗說，推著她去椅子上坐好。這位少女忙著看她的YouTube以及這位不速之客，吉朗去叫她的大女兒丹妮艾拉（Danniella）起床。她再走一遍相同的程序：把她叫醒，扯掉尿濕的床單，替她脫光衣服，把床單放到車庫，哄她去洗澡，換上乾淨衣服，設法替她梳頭髮。

吉朗告訴我，兩個女兒都是生下來就有嚴重的成長障礙，而且卡拉一直都不會說話，不但兩個女兒都有糖尿病，丹妮艾拉還有嚴重的情緒障礙，也就是說，這兩個女兒需要不間斷的照顧和監督。「你不能讓她們單獨留在家裡，」吉朗說。「她們不會拿刀割傷自己或是去玩火，不過萬一她們吃了一顆糖果就會沒命。我家裡不會放糖果，但她們可能會吃到什麼而送命。」

吉朗把她們的可頌三明治放在紙盤上後送進微波爐。她拿剪刀把三明治剪成小塊，然後給女孩們倒了胡蘿蔔汁。在等三明治放涼時，她抓起女孩們的手指頭做血糖檢測，然後很快地擦拭了卡拉的上臂，再替她注射胰島素。她把穩定情緒的藥物拿給丹妮艾拉。「她會勃然大怒，揮舞拳頭，」吉朗說。

在白天，卡拉會去一家當地的兒童特殊教育學校，她可以一直念到二十二歲。丹妮艾拉在一家成人特殊教育中心的等待名單上。吉朗去上班時，她的丈夫奧斯卡（Oscar）幫忙照顧兩個女兒。不過她們倆的照護工作大都落在她頭上。她跟我說：沒有別的人能替她們洗澡，而僱用幫手遠超出家庭預算。

吉朗是輪值工作內容特別誇張的「第二班」，正如三十年前，加州大學柏克萊分校社會學者亞莉．霍赫柴爾德（Arlie Hochschild）的說法。霍赫柴爾德表示，許多婦女每天輪值兩班，在她們不上班的時間，負責照料家庭和小孩、父母和生病的親人。把有酬工作和無酬照護工作加起來，婦女每年工作的時間平均比她們的配偶多一個月；這數字和許多其他估計的數字吻合。男性負責的家務比一九六〇年代多一倍，陪小孩的時間為三倍；女性做家事的時間則是減半。就算有了這些改變，母親陪小孩的時間是父親的兩倍，平均每周十三點五小時。她們做的家事多出一倍，而父親的休閒時間似乎比母親還多。

在兒童照護方面，這些數字不斷累積，在老人照護方面更是大幅增加：這些嬰兒潮世代的人，女性也被要求照顧父母。大都會人壽保險公司（MetLife）的一項研究發現，成年子女提供個人照顧或金錢給父母的比率，在過去十五年來呈三倍成長，女性提供直接照護，男性則為親人提供金錢支持。越來越多的女性要照顧孩子和父母，成了所謂的三明治世代。「嬰兒潮世代逐漸到了退休的年紀，我祖母的那個世代是國內成長最快的一代，」勞工倡議者蒲艾真（Ai-jen Poo）告訴我。「這種需求呈指數型成長，我們根本沒有任何支持的準備。」婦女也比較可能花時間去照顧生病或身心障礙的親人。一項研究顯示，婦女單獨照顧生病小孩的可能性是男性的十三倍，帶小孩去看醫生的可能性則是五倍（一般來說，男性比女性更可能認為這些是兩人「共同的責任」）。

這並不是美國獨有的現象。在世界經濟論壇最近一份報告提及的每個國家中，男性累積的有酬工作時數多過女性。他們在有酬勞動力的參與比率高出許多，這種差距從薪資最高的四十歲左右開始形成。在每個國家，男性賺的錢都比較多，全球男性平均收入是每年二萬美元，女性則是一萬一千美元。在每個國家，他們的薪資報酬率也比較高，在有酬勞工中的時薪較多。然而不分有酬或無酬勞動的話，大部分工作都是由女性完成。男性平均每天工作七小時又四十七分鐘，女性則是八小時又三十九分鐘。

「這是有價值的工作，因為這代表了很多生而為人的意義，」世界經濟論壇就業及性別倡議主任莎蒂亞．薩西迪（Saadia Zahidi）說。然而它依然飽受忽視、不被認同又不受感激。

■ ■ ■

在美國也有足以抗衡的相關危機：孩童照護的高額成本。華府並未要求企業提供有小孩的人有薪休假，只有十二周的無薪休假。這點很不尋常。根據經濟合作暨發展組織表示，在所有先進的經濟體中，只有美國沒有政府計畫補助新手母親，也沒有要求企業這麼做（芬蘭、斯洛伐克及匈牙利都提供三年有薪休假，而且在調查的三十四個收入較高國家中，平均約超過一年）。美國只有百分之十二的私人企業僱員在家照顧幼兒時，可以繼續領到薪水。

美國跟不上的不只是富有國家。根據國際勞工組織（International Labor Organization）表示，在一百八十五個國家中，除了新幾內亞之外，只有美國沒有協助新手爸媽。伊拉克和阿富汗有帶薪產假計畫，美國沒有。根據經濟合作暨發展組織的報告，美國在要求企業提供無薪假方面也落後其他富有國家，它給媽媽們的保護期是這些國家中的倒數第三名。只有一半私人企業的員工能在家庭與醫療假法案（Family and Medical Leave Act）保障下獲得無薪假。

這會讓家庭收支在孩子出生後的幾周或幾個月內就搞垮，有許多時候再也不曾恢復過。於是有人繳不出帳單，開始吃老本，最後提早收假回去上班。根據一項調查指出，休無薪假或部分支薪假的人，也就是大部分有小孩的工作者，在孩子還小時，每六位就有五位會延遲消費。此外，美國是唯一一個常見婦女生完後，幾天或幾周內就回去上班的國家。

在那之後，情況並沒有改善。在美國有很多媽媽想要或必須繼續工作：家中有一歲以下幼兒的母親，大約有百分之五十八投入職場，而家中有六歲以下孩童的母親，則約有百分之六十四是職業婦女。由於缺乏好的托育中心以及托育費用高，再加上許多工作場所十分缺乏彈性，情況就越發困難了。育有嬰幼兒的父母，十位中有六位找不到高品質又分擔得起的托育服務。美國進步中心在一份針對八州的研究中發現，有超過百分之四十的兒童住在「托育沙漠」，也就是在一個「至少有三十名五歲以下孩童的郵遞區號涵蓋地區，要不是完全沒有托育中心，不然就是托育中心太少，以至於中心裡的五歲以下兒童是可容納人數空間的三倍」。大部分的農村兒童都是生活在這種沙漠，都市孩童每三個也有一個會遇到這種情況。

托育選項的缺乏和無力負擔托育有關。托育每年所需的費用，從密西西比州家庭式托育的三千九百七十二美元到麻薩諸塞州托育中心的一萬七千零六十二美元不等。在大部分的州，托育費用超過中等家庭的百分之十收入。在超過一半的案例中，把嬰兒送到托育中心的費用高過於送一名年輕人去念大學。想當然耳，就像所有的情況一樣，這種負擔對赤貧的人來說最沉重：每個月賺不到一千五百美元的家庭，托育費用會占去將近百分之四十的收入。

即使家庭收入停滯不前，聯邦最低薪資一直卡在每小時七點二五美元，這些費用依然漲得驚人。職業婦女的家庭眼看著每周的托育費用，從一九八五年平均八十四美元漲到二〇一一年的一百四十三美元（在抵銷通膨之後）。不過中等家庭收入差不多剛好打平，而收入水準在最底端的家庭，所得更是微薄。

聯邦政府沒有替家庭負擔這些開銷，除了增加兒童稅額減免及低收入家庭福利優惠之外，就沒多少作為了（失業的人就更沒那個福氣得到低收入家庭福利優惠）。聯邦政府在兒童照護協助方面的總花費，包括兒童照顧與發展固定撥款法（Child Care and Development Block Grant Act）、貧困家庭臨時補助、救助金或社福計畫，在二〇一四年減少到只剩一百一十三億美元。這是自二〇〇二年以來最低的數目。固定撥款法目前救助的兒童人數是二十年以來最少的。

有小孩的貧窮家庭絕大多數都沒有得到任何托育的幫助。這又讓美國成為罕見的特例：它在公共托育支出的國內生產總值比率，是其他十六個經濟合作暨發展組織國家的四分之一。因此父母的年收入低於三萬美元者比較可能盡量找家庭成員來幫忙照顧小孩。低收入母親越來越有可能乾脆退出職場。現在全職母親之中，每三個就有一個跌到貧窮線以下，而一九七〇年只有百分之十四的比率。

普林斯頓大學的一名經濟學者提出報告，發現一九九〇年到二〇一〇年間，兒童托育支出提高，導致全美國的婦女就業率下降百分之五，而育有五歲以下幼兒的母親就業率則下降百分之十三。美國婦女參與有薪工作的比率下降，而在許多其他的經濟合作暨發展組織國家都成長，例如法國、德國、西班牙、澳洲、日本和英國。那些國家的婦女工作比率勝過美國。這種改變並非出人意表，但是很戲劇化：美國女性勞工就業率在二十二個經濟合作暨發展組織國家當中，從一九九〇年排名第六，降到了二〇一〇年的排名第十七。

▪
▪
▪

第8章　十兆美元的禮物

吉朗載卡拉去特殊教育學校之後，接著去見她當天要碰面的三位客戶。第一站是在胡佛水壩附近，一間坐落在沙漠社區，帶有漂亮寶石綠草坪的整潔獨棟大豪宅。她的年長客戶二度中風，使用助行器。「他的平衡和走動都有很多問題，」吉朗說。「假如我不替他洗澡，他就沒得洗。」在這個天候轉晴的早晨，她幫他洗了澡、換床單，然後把那天早上的第三堆髒衣物放進洗衣機裡。她幫他換好衣服、清理浴室，然後準備一些吃的。

「我在他的雙腿後側塗抹藥膏，」她說。「他有一種藥膏能緩解疼痛。」她和他聊天，對他微笑，替他梳頭髮。兩個小時後，她該走了。「事情根本做不完，」她說。「今天我把衣服留在烘衣機裡，明天我要騰出十分鐘去處理。然後我要把照顧他的每件事再做一遍。」

接著她開車去見下一位客戶，一個不良於行的老人。「我必須把他從床上挪到輪椅上，因為他自己做不來，」她說，並且以手示意她如何推、翻、轉，而且支撐一個比自己還重的身體。「我幫他洗了個澡，確定他乾乾淨淨，而且有乾淨的衣物。我扶他坐輪椅，然後推到起居室的椅子上。」她替他準備食物，然後把他的藥物放在杯子裡，讓他服用。「我不能把藥放進他的嘴裡，」她說，為了法律的緣故。「我跟他說去拿他要服用的藥物，然後看著他。」他有失智症，不吃藥的話，情況會更糟。

趁他在吃飯，她替他換床單，然後洗衣服。她又洗了碗，並且清理浴室。「我來他家幫忙，時間總是夠的，」她說。四小時收四十美元。我問道她客戶的家人是否會來照顧他，吉朗說他有個孫子住附近。「我要走的時候，他總是抱怨。他老是說：『你要走了！我會很孤單！』第三位客戶有兩個兒子住紐約。他沒跟他們見面。」

第三位客戶是越戰退伍，腰部以下癱瘓了。「他傷得很重，」吉朗上車的時候告訴我。「我用一部大機器把他繫坐在床上，然後幫他挪到輪椅上，一部電動輪椅。我會把電動輪椅盡量挪得靠近浴室。接著我會拿一塊大木板，架在浴室長椅和輪椅之間，再拿長帶子把他繫牢。我要很小心，因為他不能跌倒。」她利用木板、長帶子、槓桿及把手，幫助他上廁所及洗澡。「你知道協助行動不便長者的責任重大，因為我要很小心不能傷到他們，」她說。「我替他繫的長帶子要固定得很牢，我要檢查三次，確定是繫牢的，因為萬一他摔倒了，我扶不起來。我要打電話叫醫務人員。」

照護工作，例如療養院醫療協助、老人看護員、個人看護員，或是醫院看護

第 8 章　十兆美元的禮物

員，這些都是美國成長最快速的職務需求、但卻待遇最差的工作之一，中等時薪大約略高出十美元，許多看護員只領到聯邦政府規定的最低時薪七點二五美元。然而加薪或升職的機會幾乎是零。吉朗告訴我，她在二〇一六年加薪了十美分。

她說她熱愛這份工作。她自認是大家口中的照護工作者。不過家裡的帳單已經繳不出來了，當聖誕節快來到的時候，狀況越來越糟。「我不斷延展繳款期限，」她說。「我需要付帳單，現在手頭真的很緊。我的手機被停話了，因為我負擔不起。我還積欠了七百美元的電費。」再加上她把每天醒著的每一刻都拿來幫助照料自己有困難的人，她從未有獨處的時候，總是在照顧別人。「我朋友說：『你的下半輩子都要這麼過嗎？』我今年四十四歲，年紀越來越大，也越來越累了，」她說。她不知道萬一她做不動了，誰會來照顧兩個女兒。

在許多案例中，女性負責照顧工作確實是個人的偏好選擇。但它也反映出社會普遍期待女性擔任照護者的角色。「等到女性開始賺進第一份薪水時，她的職業選擇集結了多年來的教育、精神導師的指導、父母的期待、公司的工作規範，以及僱主、同事及社會對工作與家庭平衡的普遍常規和期待，」經濟政策研究院的潔西卡．希德（Jessica Schieder）及埃莉絲．高德（Elise Gould）爭論道，「雖然女性進入低薪且大都由女性負責的職業比率過高，這項決定並非由女性作主，而是歧視、社會規範及其他力量促成的。」

此外，當一項職業變得「女性化」，當女性成為這項職業的主要工作者，這項工作的薪資就開始降低了。哈佛大學的經濟學者克勞蒂亞・高汀（Claudia Goldin）把這種現象稱為「歧視的污染理論」，也就是說，職業婦女是傷害某項職業聲望的毒素。以色列的一項研究調查一九五〇到二〇〇〇年間，主要由男性負責的工作變成主要由女性負責後，薪資結構的改變。在營地及火場的工作者，中等時薪大幅下降五十七個百分點。同樣的狀況也發生在票務員（四十三個百分點）、設計師（三十四個百分點）、管家（二十一個百分點）和生物學家（十八個百分點）。反之，那些開始大都由男性負責的工作，例如電腦程式設計，薪資則提高了。由女性負責的工作薪資減少，因為那是由女性負責的。

我們擔心機器人、優步服務和速食店員工的問題，但現在還有一個未公開承認的危機。這個危機關乎那些照顧我們的小孩、為我們的父母做飯、保護失智者、以及幫助病患復元的人。

▪
▪
▪

目前，美國正面對大眾紛擾地討論如何讓托育變得更平價。自由黨人推動家庭假。伊凡卡．川普（Ivanka Trump）以她在白宮擔任的模糊角色，試圖讓托育的費用能抵稅，這對花大錢僱用保母的家長來說是一大福音。極端保守派議員，猶他州的麥克．李（Mike Lee）及佛羅里達州的馬可．魯比歐（Marco Rubio）主導推動大幅擴張兒童稅額減免。對自由黨人來說，這項討論有部分是出自擔心職業婦女的困境；對保守黨人來說，擔心的部分是出生率下降。然而這些補救措施似乎只觸及一個更大、牽涉更廣的問題邊緣：這問題就是不願意投資父母、尊重照護工作者的價值、並且賦予家庭權力去選擇如何養育他們的小孩。無條件基本收入並非主要針對照護提供社會支架的政策，但它會補貼最常擔任有酬照護者的有色人種婦女薪資、讓托育變得更平價、以及對所有輪第二班的婦女做出更好的補償。

我在拉斯維加斯時能清楚看到，無條件基本收入或是另一種全面無條件補助金要如何賦予美國婦女力量；而當我檢視海外情況時，看得更清楚。在肯亞的村莊，男女扮演不同的經濟角色。婦女花很多時間做家事、照顧牲畜、收集柴火、打掃以及照顧小孩。白天似乎沒幾個婦女會離家到村子裡工作或做買賣，因此她們沒有多少錢可用，只好依賴男性家長及親人。另一方面來說，男性能從事許多不同的有酬工作，去維多利亞湖釣魚、提供市集來回載客服務，以及打零工。他們也比較可能擁有能帶來收入的財產，例如一塊地或一輛摩托車。

資產擁有者及肯亞農村收入的數據顯示也是如此，提到貧窮的性別劃分時，文化及政治和經濟一樣具有影響力。例如男性擁有該國大部分的土地，而女性取得貸款創業的管道要少很多，也就是說，女性擁有的農場生產力遠不及男性的農場。女性的教育程度較低，收入也較少。雖然該國最近通過一項法令，要給女性相同的權利和保護。一項研究指出，「婦女及許多司法人員不知道的是，這是首度以新法來取代管制性別角色的習慣法。」

在發展中國家的情況也差不多是如此：由於有酬及無酬工作的不平等分配現象，婦女比較不可能取得現金收入。法律及習慣通常限制她們取得土地之類的資產或是銀行帳戶等設施。聯合國做出結論：「在將近三分之一的發展中國家，法律並未保障男性及女性的相同繼承權，而且在另外的半數國家發現有習慣性歧視婦女的現象。」此外，「發展中國家有大約三分之一的已婚婦女對於家庭花費或大型購物並沒有控制權，而且大約有十分之一的已婚婦女的收入是在沒有事先跟她們商量的情況下被花掉的。」

由於這些緣故，現金轉移或許會是改善婦女經濟及社會地位的一項有力工具。海外發展研究院調查無條件及有條件的現金轉移計畫，發現兩者都提升了婦女的賦權指標。這些計畫減少了肢體、語言及情緒虐待事件，讓婦女能進一步參與家庭的決議，也讓她們能延後步入婚姻，增加使用避孕法，給她們掌控自己身體及生活方式的權力。當然，現金正可以減輕貧窮，而且由於婦女在提高收入部分面臨的結構性障礙比男性高，因此獲得相同金額對她們的助益可能更大。根據聯合國的報告，在發展中國家沒有「以性別觀點為基礎的直接措施」，因為家庭是評量貧窮的中央單位。

由於這些緣故，印度經濟學者亞文德・蘇布拉馬尼安及普拉納・巴丹告訴我，他們想看到現金補助先在女性部分實施。「我們和許多貧窮國家不同，更不像最常被拿來和印度做比較的國家，也就是中國那樣，印度有大約四分之三的婦女沒有收入，」巴丹告訴我。「四分之三的成年婦女沒有去外面工作。近年來，婦女的職場參與比率其實不斷下降，原因之一是，曾經工作過但後來退出職場的婦女面臨壓迫及勞累的死胡同。」無條件基本收入能保護她們免受虐待，協助減輕婦女及孩童的貧窮，而且保障婦女有更多經濟選擇，他說。蘇布拉馬尼安也表示贊同。「假如你有足夠的錢，你當然會把它分給每個人。但是萬一手頭不寬裕，假如你必須從事一些不如你預期的工作，那麼在有限的選擇中，該怎麼做最好呢？父權制是個大問題，所以要凸顯這點的方法之一是賦權給婦女。」

這是到哪裡都不變的道理。

第 9 章

一次到位的優勢

一旦人人可以依據個別需求花錢，
貧窮將不再是那麼沉重的負擔。
金錢是走到哪都可以用，
想買什麼大都不成問題。
單單只是發錢就意謂著，
單身母親不再需要拿食物券換現金就能開伙。

川普就職第一年間，原本隱身在競選活動的暴力耳語搖身一變成了高分貝喊話，全國各地的白人主義分子、三K黨及新納粹（neo-Nazi）[15]等團體一邊走上街頭，一邊在網路上稱頌政府；關於種族主義與不容異己的言行顯著增加；反對白人優越主義的非營利民權組織「南方貧窮法律中心」（Southern Poverty Law Center）統計，總統大選結束幾周內，隨即爆發一千三百七十二樁仇恨犯罪。二○一七年八月，在維吉尼亞州夏洛維爾市（Charlottesville）一場集會遊行中，一名白人主義分子駕車衝入反種族主義的示威群眾裡，撞死一名年輕女性。川普公開譴責雙方的暴力行為，還說新納粹與白人至上主義的遊行陣營裡有些人是「大好人」，雖然招致各界譴責，但現況幾無改變。

失業率正一路下探歷史低點，國會除了為富人減稅，幾乎毫無作為，經濟發展道路上看不見新一輪衰退，國際間也聞不到煙硝四起的火藥味，但那段時間感覺是一整個失衡。大選落幕後那幾個月的日子有一種「火不是我放的」（We Didn't Start the Fire）[16]感覺，社群媒體放大政治激情時刻純然激昂狂熱的情緒，過度炒作的政治媒體，加上二十四小時馬不停蹄的有線新聞報導：種族主義分子和反法西斯主義（Antifa）[17]發生衝突；南極冰棚斷裂、珊瑚礁大規模死亡；俄羅斯網路流氓在社群網站推特（Twitter）、臉書搧風點火；機場警察硬把乘客拖下聯合航空（United Airlines）客機；移民單位突襲小學搜查非法人口；密蘇里州聖路易市的抗議活動走調，迫使附近的購物中心暫停營業；美國女歌手在英國曼徹斯特市的演唱會現場驚傳爆炸；伊斯蘭國（ISIS）燒殺擄掠，還有前任競選幹部被起訴。

情勢演化有點像是一場造神運動。不平等與兩極化發展撕裂家庭，個別的收入、種族與信仰還火上加油把他們隔離開來；大眾再也不信任包含政府、媒體在內的菁英與機構；社群媒體、談話性廣播節目和有線電視新聞變成回音室、隔離室。在整個漫長、緩慢的崩壞過程中，川普的競選主張、總統任期特具的荒謬主義與後現代野蠻作風，不過是其中一道格外惡毒的表現手法。

當然，我知道收入不均、財富懸殊正在撕裂美國，不過從政治角度來看，這

⑮主張種族歧視的激進、暴力人士。

⑯原是一九八九年美國歌手比利·喬（Billy Joe）發表的作品，諷刺美國一向自詡世界警察，愛管閒事，結果下場通常都不太好。

⑰反對法西斯、納粹主義等種族歧視者，廣義來說，則包括反性別歧視、反同性戀恐懼症及反資本主義等。

個國家也在解體中。根據民調機構皮尤（Pew）的調查，近二十年來，美國人的政治觀點變得越來越固執、尖銳，典型的共和黨人比百分之九十四的民主黨人更保守，但典型的民主黨人卻比百分之九十二共和黨人更開明；與此同時，黨派之間相看兩厭的程度提高了，兩黨成員互控「超刺耳意見」的人數幾乎翻倍，指著對方的鼻子大罵國家害蟲；象徵共和黨的紅色更鮮紅、象徵民主黨的藍色更深藍，在兩黨之間搖擺的中間族群則人間蒸發；越來越多美國人覺得，和自己觀點相近的人生活很重要，甚至會乾脆拒絕和立場相左的對象約會，更會反對家族成員和敵營支持者通婚。

文化也正朝著兩極化發展。政治變得像是一種宗族活動，以至於兩黨相互攻訐，而且對每一件事都抱持相反意見，包括女性遊戲開發者被網路霸凌的「遊戲門」（Gamergate）醜聞、改編十九世紀黑人蒙冤真實故事的電影《自由之心》（*12 Years a Slave*）是否應得奧斯卡金像獎最佳影片、經濟是更好還是更糟、以及股市究竟是欣欣向榮還是搖搖欲墜。政治認同在層層度量後變成一道比種族認同更強而有力的指標。套一句已故法國女性文學作家安娜伊絲・寧（Anaïs Nin）的話：「我們往往不是以事物的本質看待事物，而總是以自己的本質看待事物。」

第9章　一次到位的優勢

社會資本的水位也日益下降。美國公民越來越不熱中投票；越來越不花時間和近鄰、同事打交道；也越來越不愛加入工會、走進教會，因此也鮮少參與介於家庭與政府之間的鄰里、志願機構等「中介層」（middle layer）組織。「我們的物質生活在很多方面都遠比過去優渥，但儘管有諸多實質進步，仍隱約冒出一股我們的良好社會結構已經回不去的感覺，」一份由猶他州共和黨聯邦參議員麥克・李委託製作的報告爭論，「對於維持一個自由、繁榮、民主和多元化的國家來說，我們社會的中介層所發生的這道變化至關重要。這塊土地是由共同合作、社會支持網絡、互惠互利的規範與對等義務、信任及社會團結力凝聚而成。」許多左派人士、海外國人都認同應該仔細研究自身居住的社區。我們很難視而不見，歐洲右翼專制主義在進入二十一世紀的第一個十年期間漸漸崛起，原因至少和前述幾個理由相同。全球公民似乎都受夠了、滿腔怒火、人心背離。

在這樣的大環境下，無條件基本收入倡議派反倒是令人信服的案例，因為他們即將開始療癒已開發經濟體的斷裂傷痕，好比協助聚攏分化的兩極、鼓勵大眾團結。二〇一六年七月，我赴南韓參加無條件基本收入全球網絡（Basic Income Earth Network）大會，身為無條件基本收入主要倡議者的英國經濟學家蓋伊・史坦丁（Guy Standing）告訴在場聽眾：「時至今日，我們的論述日益重要，而且在政治發展的脈絡下還會一天比一天重要。當前我們所目睹的政治脈絡就是，以唐納．川普為首的新法西斯民粹分子、英國的脫歐戲碼、歐洲各地與其他發展相近地區形形色色、面目可憎的右翼人士。除非我們採取行動為所有人打造某種形式的基本安全措施。」他接著又說：「右翼政治所帶來的威脅正蠢蠢欲動，我們都將面臨反烏托邦的政局，但置身這場大會的各位沒有任何人樂見。全世界有很多團體正努力提供美好未來、願景、激勵人心且讓人心生希望的夢想，我們正是其一。」

我認為，無條件基本收入的內容比不上社會福利。全民現金計畫是提供窮人一個讓他們參與經濟的機會；確保所有社會成員能找到奮鬥的立足點；提升勞工的力量；當婦女面臨養兒育女、開創職涯的關卡時提供她們選擇權；它是一項維護社會正義的強力工具，確保弱勢族群能獲得強勢族群所擁有的待遇；將種族偏見、大家長專制主義排除在社會安全網之外，並信任大眾自知採取最好方式運用手上資源為自己謀福利之道；它也是一種救助農村社群長期遭受忽略的做法；它更是一種援助兒童的方式，無論他們的父母是否具備適當的能耐。

值此這個兩極化與不平等的時刻，全民現金計畫提供賦權、包容和團結作用，看起來正是人人所需，但絕非一道安全網，而是堅實基礎。

一群女性圍坐在會議室裡討論身為阿拉斯加人的酸甜苦辣。

和藹可親的主持人保羅開玩笑：「我們一直很想邀請一大票安克拉治市最有意思的女性今天來與會。因為她們很難擠出空檔，所以照現在情況看起來，我們的成果還不賴。」他任職於臉書共同創辦人克里斯·休斯成立的非營利組織「經濟安全計畫」，專責舉辦焦點團體。這些女性在會議室自我介紹：養母、卡車司機、多層次行銷計畫發起人、家庭日托工作人員、漁婦與非營利組織員工。隨後他請所有與會者描述當地的狀況，而且只能用一個她們會拿來形容天氣的字彙。多數人選用「陰天」，並援引當地的吸毒、酒癮、經濟發展困難和政治鬥爭為證。「我怎樣都看不出來前景還有可能更光明。」一名女性說道。

約莫一半與會者都說，由於在當地找個體面的工作實在太難，正考慮離開阿拉斯加州。其中一名女性感嘆：「我想念永久基金股利（permanent fund dividend，PFD）。」其他人跟進同意。永久基金股利是美國境內最接近基本工資的做法。焦點團體主持人反問，「確切來說它是什麼政策？財源來自何處？為何大家都會拿到錢？」有意藉此釐清她們對無條件基本收入型態薪資的理解。

其中一名女性說，政府可能是想要從州預算裡撥出一筆剩餘經費；其他人則認為，這套做法的設計初衷是要抵銷居住在如此偏遠地區的生活成本，好比一加侖牛奶要價高達十美元，是本土的五倍以上。「這套政策被寫入『阿拉斯加州憲法』（Alaska State Constitution）。本州居民擁有地下石油所有權，所以永久基金就是……」一名女性邊說邊嘗試找出貼切的說法，「我不太確定權利金收入是不是正確用字，不過這筆錢就是石油產出的收益，均分給所有人。企業在此開採的石油所有權在阿拉斯加人手上。」

在某種意義上，前述三道答案都沒錯，其中又以第三套說法最正確。這個油源豐富的州每年從土地、水域抽取出大量黑金，並從營收中提取一部分利潤作為他用，但用途和西維吉尼亞州開採的煤礦、北達科他州從頁岩砂中提取的污泥、麻薩諸塞州的風力發電或內華達州的太陽能發電不同。這筆錢會投入阿拉斯加永久基金（Alaska Permanent Fund），目前規模大約是五百億美元。每年秋季，阿拉斯加永久基金會寄發支票給所有當地居民，男女老少都有；而且會為獄中囚犯、獲判重刑的對象把錢存下來。金額不大，通常介於一千至兩千美元之間，不過每年卻能幫助百分之三的州民脫離貧窮線；貢獻老弱婦孺、殘疾人士、極度貧困、偏鄉人口與阿拉斯加原住民等最弱勢族群最多。

最近，阿拉斯加全州為了如何妥善運用永久基金帳戶餘額吵吵鬧鬧，二〇一七年，州長比爾．沃克（Bill Walker）削減全州一半股息，用以填補州預算的黑洞。據此估算，每人約當獲領一千一百美元。就某個程度來說，這種做法有其道理：永久基金帳戶餘額還是會用在每一名州民身上，只不過有一部分是借道政府之手，而非由州民自行決定。但州民不賞臉，在會議室裡的諸位女性也大表不滿，說是州政府即使有必要動用永久基金股利，但實際上根本無權這麼做，唯有州民自己有權決定何謂適當用途。「我們認真地想要傳遞一道信號：如果你想要改變永久基金，必須經由全州居民同意、立法機關通過，而且州長必須載入法律才算數，」反對州長行徑的民主黨參議員比爾．韋勒喬斯基（Bill Wielechowski）告訴我：「基金設立之初就定調，不讓特定人士得以隻手決定資金去向，而是為了讓全民花用。」

毫無意外，調查和民調數據顯示，阿拉斯加人傾向妥善花用；在一項調查中，四分之三受訪者表示，他們將這筆錢花在「必需品、緊急狀況、還債或是退休、教育等著眼於未來的活動」。五分之四受訪者都說，這筆錢改善他們的生活品質。所有參加焦點團體的女性聽到有人沒把錢花在刀口上都有些錯愕不解。

「我們常看到許多家庭帶著六、七個小孩出現，領走一大筆錢。他們會把某個小孩丟在原地然後就離開。可以說他們從我們的手中拿走那些資源，」其中一名女性抱怨，「我覺得審查過程應該要做得更好一些。」

其他人則坦承，自己稱不上是計畫這筆錢最謹小慎微的管理者。有一名年輕女士插話。「在我的成長過程中，家境不算非常優渥，到現在我還是過得很辛苦，」她自承，「每年我收到這一大筆錢……實在很難管好自己一定要把錢花在帳單和必需品，而不是（想著）『我的天啊，我拿到四千美元了。我要拿來買一台新電視。』」但她是個異類。多數人亟需這筆錢，而且通常會用來解決各自的需求。

綜觀有史以來的各地文明，從全國財富中撥出一部分配發給所有公民的做法，不時出現在史料裡，這種政策和無條件基本收入相當雷同。耶穌基督誕生前，羅馬通過一項法律，提供所有十歲以上公民五「模底」（modii，當時慣用的容積單位）的穀物，換算成現今容量大約是三十二公斤；五百年後的伊斯蘭世界政權正統哈里發（Rashidun Caliphate）時期，第一代哈里發阿布・伯克（Abu Bakr）提供所有男女老少十個杜幣（Dirham）的保障收入；再晚些時候，英國革命思想家湯瑪斯・潘恩主張，應該為那些被排除在土地財產體系之外的族群提供賠償；耶魯大學法學教授布魯斯．艾克曼（Bruce Ackerman）、安．艾斯托特（Anne Alstott）則聯袂倡議，在每一名美國人年滿二十一歲當天發放一筆八萬美元資金，以助打造「利益攸關者社會」（stakeholder society）。

各界經常將這種做法稱為公民收入，這類政策視支付金為社區一員與生俱來的利益，而非施捨；是天賦權利，而非事後補救。「每一位阿拉斯加州民都有權享用永久基金股利，」一名女性說，「福利取決於你的收入，有點像是援助計畫，用來幫助別人東山再起。但永久基金股利不是設計用來幫助別人重新站起來。」它就是一項權利，不分窮富、無關謹慎、在職與否。人人皆可得，而且人人皆得相同金額。

▪ ▪ ▪

回到本書緣起：倘若每一名美國人終其一生銀行帳戶每個月都會匯入一千美元，屆時將會如何？對富人來說，變化不大，但是對窮人來說，人生卻可能從此改觀。美國的貧困家庭會開始看起來更像是中產階級；可以按時繳付帳單、整修住宅，還可以買到更多、更優質的食物；那些置身谷底毫無現金收入的家庭則從此消失。

我們從研究低收入家庭福利優惠、食物券等各種計畫的成果，摸索出廣泛影響如何收效的結論。低收入家庭的嬰兒、幼童，或許可以不用再常常跑醫院，他們得以吃得更多、長得更好；當他們一天天長大，身體或許也會更健康，在校閱讀、算術成績可能拿下更高分；一、二十年後，前述發展可能轉化成更多收入、更優質的教育程度；等他們長大成人，代謝相關疾病發作機率可能比較低，因而得以更長壽。

事實上，無條件基本收入將特別為年輕人提供強力支持，因為美國政府會協助剷除貧、富孩童之間的差異，並在他們的人生即將展翅高飛之際大手筆投資。目前美國花在銀髮族的人均總額是孩童的三倍，但如果只檢視聯邦計畫，那麼銀髮族的人均花費總額是年輕人的七倍。一旦實施無條件基本收入，孩童貧困惡象終有一天將會消弭，而且還能得到可以用壽命年限、數十億美元收入當作指標計算的長期好處。對成人來說，成效也更深遠。多年前，加拿大東南部小鎮多芬推行為期五年的民康（Mincome）實驗，結果證實，擁有一筆保障收入的族群比較不常上醫院、看心理醫師；在美國，負所得稅政策研究顯示，家中主要的收入來源者會花較多時間陪伴兒女，住宅自有率也會揚升。

一旦人人可以依據個別需求花錢，貧窮將不再是那麼沉重的負擔。正如我在非洲的維多利亞湖（Lake Victoria）親眼目睹的情境，足球門網不能讓飢腸轆轆的人當麵包吃，學費也不能讓口渴難耐的人當水喝；當城鎮可以使用農作設備時，水甕便無用武之地；反之，金錢是走到哪都可以用，想買什麼大都不成問題。單單只是發錢就意謂著，單身母親不再需要拿食物券換現金就能開伙；她不再需要與錯綜複雜的第八類房屋補助計畫纏鬥不休，可以聚焦於解決交通成本問題。生活會變得高效率、高成效。

基本收入將有助於長期貧困的人口，但也適用於成千上萬名發現自己三不五時就需要援助的族群。隨便挑一年來看，通常都會有百分之四十勞工離職，其他幾百萬人可能遭逢家人罹病、房東驅趕、代步汽車故障等意外；自立門戶與承包工程這兩大族群日漸萎縮，反而共創出一種毫無保障的無產階級（precariat），相互重疊並存於中產階級的底端，這種現象主要是源自勞工權力被卸除、薪資停滯與高度不平等，導致福利減少、成本上漲。三分之一家庭沒有存款，而且一旦發生緊急狀況，有一半家庭還得到處借錢或兜售物品才能湊到四百美元支應。安全網是防止某部分人口被剝削的工具，無條件現金的好處則是成為所有人的保險與自行決策的工具。

值此沿海大都會區與內陸農村地區發展背道而馳之際，無條件發放現金也有助於提升全國各地的活力。「近來，各界聚焦的不平等一直都圍繞著你落在財富分布的哪一個區塊，是在百分之十、百分之一還是前百分之十，」全球最大徵才網站「確實」（Indeed）首席經濟學家傑德·科爾科（Jed Kolko）告訴我，「但現在的討論已轉為關注群體之間的差異，而且它們都帶有地域色彩。」這番見解獲得華盛頓地區跨黨派小組經濟創新集團（Economic Innovation Group）所出版的報告證實，亦即經濟越來越依賴數量越來越少的「巨星級」國家產出全新業務與職缺；二〇一〇年至二〇一四年，僅二十座包括舊金山灣區、紐約、波士頓與西雅圖等大城市貢獻商界一半淨成長；研究並發現，美國正經歷一場「無比龐大、史無前例的」區域失衡。不過無條件基本收入可以刺激飽受忽略、未經開發地帶的薪資與投資成長，進而挹注最大力量幫助生活在成本最低廉區域的當地居民。

就消費的角度來看，不平等的影響感覺比較遲鈍，但也更微妙；教育差距可能終於開始拉近，目前來說，富裕家庭兒女在二十四歲時拿到大學學歷的機率是貧困家庭兒女的五倍；我們可能會看到獨創與創新在世界各地開花結果。美國企業家多半來自明顯較富裕的家庭，因為他們才有能力為兒女提供初創資金與安全網的保證。一項研究發現，「自己當家的可能性，很大程度取決於本身是否曾經獲贈禮物或繼承遺產。」無條件基本收入則能為每一名滿腦子都是想法的創業家提供資金，這種做法可能對我們所有人都會產生戲劇性的結果。

經濟衰退的創痛可能減輕，因為所有家庭都有鎮家之寶護身，得以免受經濟困難之累；勞力市場可能從此改觀，因為有更多人從事創意發想和勞心費神的工作；低薪勞動力市場非得轉型不可，因為企業將被迫提供員工更優渥的薪資、更妥善的福利；物價可能會上漲，有些人可能因此被排擠出勞力市場；高稅金可能會壓縮企業生存空間，迫使它們移往海外發展。儘管如此，左翼智庫羅斯福研究所曾估計，無條件基本收入推行後八年間，經濟成長逾百分之十三，此後我們所有人也長久置身更龐大的經濟體裡。

▪
▪
▪

無條件基本收入會挑起一場關於誰才是「我們所有人」的尖銳對話，導致公民與非公民、本地出生美國人與外來移民，以及幾百萬個狀況混沌、界線不明的家庭分裂不和。原本，不少美國人視福利國家與移民互不相容，「許多移民都屬於低薪工人階級，其中很多人都毫無技能可言；他們的教育程度不如多數美國人，所以根本就賺不到足夠的薪資繳清稅收，有效花用這筆錢，」中右派的美國「彭博觀點」（Bloomberg View）網站專欄作家梅根．麥卡朵（Megan McArdle）在公共電視網（Public Broadcasting Service，PBS）上爭論，當前的移民人口會讓無條件基本收入發揮不了作用，「即使你只是把範圍限縮在孩童，支持開放引進人口的政治團體以後就會讓這些人的兒女和你的兒女一樣，每年坐領一萬五千美元。我不覺得這種做法在政治上可行。」

人們深信，難民和移民全都是受到強大的福利國家吸引才蜂擁而至，沒資格獲取援助。回顧一九九九年，哈佛大學經濟學家喬治．波哈斯（George Borjas）在一篇廣獲討論、影響力遠播的論文中，假定「福利磁石」（welfare magnets）存在，並指出移民都會群聚在福利比較慷慨的州。不過，這類移民似乎是被吸引到經濟發展更有活力、工作機會與移民同伴更多的地方，而非發放更多賑濟物資的城市。有一道比較隱晦的障礙是公共認知：難民與移民榨乾經濟的薪資與成長。最近，民調機構蓋洛普公布一項調查，近百分之四十的受訪者表示，整體而言，移民拉低薪資並傷害經濟；在另一項調查中，三分之二受訪者說，從社會服務角度來看，移民耗費國家「太多」資源。然而，事實與大眾輿論背道而馳，移民與難民繳付的稅收往往比他們領受的福利好處還要多。舉例來說，一份研究美國難民的報告發現，他們定居美國的頭二十年間，平均繳稅總額超過領取的福利金達二萬一千美元。一份國會預算局（Congressional Budget Office）公布的研究顯示，合法移民越來越多，雖然會增加政府對醫療補助計畫、稅收抵免與保險補助的支出，但是也會貢獻幾千億美元稅收，足以在二十年內減少赤字高達一兆美元。至於尚未合法的移民，儘管被排除在多數安全網計畫之外，卻還是得撥出一部分收入上繳國庫，每年都要支付數十億美元的聯邦稅、州稅與地方稅。

不過，事實無法改變大多數人的觀感，而且還有證據顯示，一道涵蓋層面更廣泛的安全網或許會加劇社會大眾對移民與難民的反感程度，因為美國白人對待移民之道與他們對待本地出生的黑人、拉丁美洲裔後代毫無二致。十年前，兩位學者安－海倫・貝伊（Ann-Helén Bay）、艾克索・威斯特・派德森（Axel West Pedersen）針對挪威選民完成制定基本收入潛在可能性的調查。結果顯示，多數挪威人歡迎這項想法，但是一旦知道移民也受惠時，立場驟變。「當這項提議被修正成納入非挪威人後，三分之一支持者馬上改變立場，加入反對陣營，」新聞網站Vox記者狄倫・馬修（Dylan Matthews）總結研究成果報導，「這項結果與範圍更廣泛的文獻調查吻合，在在明白指出，種族多元、民族多樣可能會激發本土白人選民反感。他們不滿新來族群，因此會投票給右翼政黨表明立場。之後，他們選出來的右翼政府就會削減社會福利，不僅為了懲罰選民所憂懼的移民，也因為右翼政黨大體來說就是喜歡削減福利。」

美國境內可能存在同樣偏見。川普跌破眾人眼鏡當選後，民主黨民意調查專家史丹·格林伯格（Stan Greenberg）在密西根州馬康郡（Macomb County）開辦白人選民焦點團體。這個地區在二〇一六年大選時倒向共和黨的川普，但是前兩屆總統大選都支持歐巴馬。儘管此地移民很少，而且影響就業微乎其微，在座人士卻普遍憂心忡忡。「我終於去報名加入醫療補助。我站在福利辦公室裡，環視四周，全都是根本不會用英文打招呼的人，」其中一位與會者說，「他們都有健保、有食物券……如果你可以突然空降這個國家，為什麼我們大家反而都分不到好處？」

這個問題的解方或許可以套一句經濟學家威廉·尼斯坎南（William Niskanen）的話發想：「圍繞福利支出政策打造一堵高牆，而非在國家四周蓋牆。」他是華盛頓地區自由主義派智庫卡托研究所（Cato Institute）主席。美國在很大程度上已經採行這種做法：放行合法、非法移民，但是禁止他們享用好處。儘管如此，無條件基本收入仍可能激發種族反感、激化反移民情緒，並刺激政府採行反移民限制和政策；它也可能從旁催生出一個兩級勞動力市場，屆時企業會四處尋找遠比合法公民廉價的非法移民工；移民減少意謂著更僵硬的經濟、日益高齡化的國家；無條件基本收入可能會誘發可憎的種族主義。眼前看不到簡單的解方，對改革派人士而言更是如此。

・・・

在另一場由經濟安全計畫舉辦的焦點團體討論中，保羅詢問一群阿拉斯加男性對全州經濟發展的看法，以及自身使用現金發放計畫的體驗。在會中，他問所有人，永久基金股利除了讓他們的荷包變厚一點，還有什麼原因讓它受到如此高度重視。其中一名已退休水管工人表示：「我們是這個州的合法居民，當在地資源被賣掉了，我們有權享用相關好處。」他對著焦點團體成員說自己喜歡「划船、狩獵、採礦、捕魚等所有好玩的事」。另一名男性則認為：「它讓我覺得自己像是這個州的股東。就像是我擁有它的一部分。」

若要為無條件基本收入舉個好理由，就說是分享公共財富，而非單單只是徵稅、重新分配收入，可能聽起來很不可思議或像天方夜譚。二〇一二年總統大選期間，共和黨提名競選人米特・羅穆尼（Mitt Romney）惡劣地將美國人粗分成生產者（makers）、白吃者（takers），當著滿屋子政治獻金金主譴責，占人口百分之四十七的白吃者吸乾占人口百分之五十三的生產者。「我的工作不是擔心這群人怎麼辦，」他辯稱，這群人反正就是會用腳支持歐巴馬，「我絕對不會試圖說服他們，應該要自己擔起責任、照料好自己的生活。」他形容這群人「賴定政府了，相信自己就是受害者，政府就是有責任關照他們；也相信自己有權享用醫療保健、食物、住房，以及所有你叫得出名號的服務」。

無條件基本收入可能會激發生產者、白吃者之間的憎恨，但更糟的說法是，努力工作繳稅當作無條件基本收入財源的納稅人，對比好吃懶做單靠無條件基本收入度日的米蟲。不過生產者、白吃者之間的區別被誤解了，而且一向如此。從一套指涉更廣泛、更複雜的經濟與社會政策來看，羅穆尼不僅給錯數字，也錯誤理解箇中內涵。第一，百分之八十二美國家庭繳付所得稅與薪資稅，不是五三%；而且其餘一八%多數是老人家與退休人士、極度貧困階級或失業族群；再者，低收入家庭除了受到改革緩慢的州政府、地方稅打擊，還要繳付中央政府不合比率的沉重菸稅、買進多數彩券。指控窮人根本沒有貢獻的說法簡直就是胡說八道。

更重要的是，所有美國人的一生都同時身兼生產者與白吃者，無論企業或個人有多麼認真打拚或創新求變，都無法真正做到自給自足。兒童是白吃者，成人則是生產者，但老人家又是白吃者。即使是尚在工作崗位上的族群，也同時是生產者與白吃者，舉凡馬路、警察保護、外交政策與清潔用水等不一而足；勞力市場之外的族群往往同樣身兼生產者與白吃者，好比全職父母，以及等著未來開創前程的在校生。每個人其實都各付所有、各取所需；每個人都從彼此的付出與收穫得到好處。

理想情況下，無條件基本收入將使我們坦然承認，市場經濟一腳踢開落後族群，因而衍生出貧窮，並變相懲罰無法工作的個人。正如人權運動領袖馬丁·路德·金恩所爭論：「我們走過漫漫長路，終於理解人類動機和我們的經濟體制如何盲目運行。如今我們意識到，經濟市場運作的混亂、歧視長久存在，把大眾推向懶惰，更違反他們的意志，讓他們陷於長期或頻繁的失業窘境。我亟盼，當今的窮人別再被有意識地貼上低等或劣勢的標籤因而遭到遺棄。」無條件基本收入會打破這類價值判斷的基礎，成為力挺人類尊嚴的強大力量。它會承認我們既有相互依賴性，也有獨立性。

無條件、不受限制的現金好處，就是單單只發放現金，便能促進依據七十年前美國總統富蘭克林·羅斯福所謂藉由「經濟安全和獨立」以發揚光大的「真正

無條件基本收入
Give People Money

個人自由」。這套計畫能一邊提供每個人過上理想生活的自由，一邊則傳遞一種共同參與投資每一個個體的每一個人生階段，以及共同投資公共利益的感覺，以幫助社會更全面蓬勃發展。

第10章

每月一千美元的可行度

每月提供每一名美國公民一千美元的無條件基本收入，
意謂著政府一年要多花三兆九千億美元，
相當於美國經濟的五分之一產值，
也相當於聯邦政府目前把每一分錢花在造橋鋪路、
出兵打仗、照護銀髮族、起訴罪犯與保護濕地等
各項政策的總額。

無條件基本收入
Give People Money

問題是，怎麼做才好。

美國自由論作家查爾斯·默里希望，削除所有社會福利支出的同時，能提供所有成年人每年一萬美元；經濟安全計畫資深研究員安迪·斯特恩倡議，提供所有成年人每月一千美元，同時也想辦法減少大部分成本；還有一些人士則主張，無條件基本收入應該結合開放式邊界、大幅削減每周工時的激進計畫，好比荷蘭作家羅格·布雷格曼（Rutger Bregman）就在著作《改變每個人的三個狂熱夢想》（*Utopia for Realists: And How We Can Get There*）中如此表述；但有些人視無條件基本收入為一道橋梁，引領國家走向免工作的後資本主義世界，讓科幻電影《星際爭霸戰》的鐵粉樂透了。例如尼克·斯尼切克和亞歷克斯·威廉斯合著的《發明未來：後資本主義與免工作的世界》，書名就是提倡這道理念。更有人推動一種做法：嬰兒一出生就發放津貼，好讓他們成年後可以運用，直到去世才課稅。正如所有社會政策一樣，「怎麼做」取決於「為什麼」要做，而且所謂的原因簡直是五花八門。各方唇槍舌劍，但往往讓人一整個如墜五里霧中，甚至完全和我們當前經濟與政治現實反其道而行。究竟我們該如何傾盡全力攫取無條件基本收入的最多好處，同時也盡可能避開壞處？

這可是艱巨挑戰，我們得先理解各項政策的箇中意涵與細節。費用支出活生生就是一大致命傷，所以不妨以此為起點。每月提供每一名美國公民一千美元的無條件基本收入，意謂著政府一年要多花三兆九千億美元，相當於美國經濟的五分之一產值，也相當於聯邦政府目前把每一分錢花在造橋鋪路、出兵打仗、照護銀髮族、起訴罪犯與保護濕地等各項政策的總額。如果政界打算提高稅收以便充分注資擴大福利範圍，便意謂著不僅最富裕美國人上繳的所得稅暴增，中等收入階級也逃不過。收入占全體前百分之一的族群所得稅率約莫百分之四十，約當每年貢獻六千億美元。換句話說，你可以祭出重稅榨乾他們賺的每一分錢，但是到頭來，這筆稅金用來支應一套超級龐大的無條件基本收入計畫依舊入不敷出。《紐約時報》專欄作家艾都亞多．波特（Eduardo Porter）屢次以成本為由發表專文爭論：「美國建國以來，從未看過任何史料顯示，人民已經做好稅上加稅的心理準備。」

刪除或削減其他計畫將有助於支應費用。政府目前的社會保險計畫總花費約達二兆七千億美元，涵蓋社會安全、醫療補助、聯邦醫療保險、失業保險與退伍軍人福利等計畫，單單是社會安全計畫就占用幾近一兆美元；政府一年也花費超過五千億美元在國防計畫，不過這個金額可能會下修，特別是如果下一場戰役的廝殺對象是駭客而不是坦克的話。儘管如此，無論政府可以從其他計畫的預算提撥多少金額挹注，每月一千美元或額度較低的福利仍然是一筆全新開銷，可能需要新闢財源。

再來談談各界在意的癥結點，即無條件基本收入計畫本身無助於消滅貧窮，甚至到頭來還可能加劇剝奪感。如果不計醫療保險，把原本通過經濟情況調查才能申請的社會補助金轉入每個人的帳戶裡，換算下來，每人每個月也只能收到一百三十二美元，遠低於政府發放赤貧族群的補助金額；再加計中產階級的租稅扣抵總額，像是房貸利息減免與退休儲蓄獎勵，每人每年也只不過收到三千五百九十一美元。發放每個人相同金額，意謂著所有人只能分到福利大餅的碎屑，因此這也表示我們需要一塊更大的餅。

若再退一步想，無條件基本收入也在哲學層面拋出一道漏洞百出的難題。在這個資源有限的世界，每個人理當有所得，而且每個人理當得同物，這種說法真的站得住腳嗎？從某種意義上來說，聯邦政府劫富濟貧，充其量只是機構版的俠盜羅賓漢，而且隨著福利國家、健康倡議與社會保險計畫規模日益擴大、人口逐漸老化，它的職能也跟著與日俱增。無條件基本收入可能意謂著從窮人的口袋裡掏錢出來，均分給包含富裕階級在內的所有人。

若此，無條件基本收入會衍生出另一道讓人擔憂的後果，亦即變成緊盯財政不放的鷹派政客動輒削減額度的津貼。社會安全和聯邦醫療保險這類嘉惠中產階級的福利計畫，可能會比幫助窮人的各種社會福利舉措更受歡迎。儘管如此，近年來政府已經大幅提升薪資所得租稅抵減的價值，像是核准發放數百萬人食物券，並擴大醫療補助範圍高達一千二百萬人，而且還在累計中，社會安全計畫規模因而迅速膨脹。諸如此類改善國內貧窮困象的作為如今卻喊卡，與此同時，原本不計個人收入高低的資助計畫多數都停滯不動，有些甚至還被削減。舉例來說，金融海嘯過後幾年，失業保險計畫就縮水了。共和黨現在又把矛頭指向社會安全與聯邦醫療保險計畫。換句話說，為中產階級謀福利不保證毫無縮水之虞。

儘管如此，不經思考就出聲反對打造某種型態的無條件基本收入的人士，總是高呼成本太貴或太不切實際，因而顯得緊張兮兮，但籌措足夠經費支應每月一千美元的無條件基本收入計畫，其實比較像是意願問題而非數學難題。美國的稅務負擔與歐洲社會民主國家並無二致，雖然建國以來並沒有史料顯示，人民已經做好稅上加稅的心理準備，但就公共政策領域而言，也沒有任何跡象表明我們不能這麼做。將最高稅率級別定在百分之五十五、打造一套適當的富人稅制、終止房貸利息減免、實施增值稅等計畫，都有助於我們實現目標。僅再次強調，美國的稅務負擔與開支比起其他富裕國家算是相對輕鬆，畢竟根據經濟合作暨發展組織的標準，我們還算是低稅國家，雖然社會觀感並非如此。我們若推行無條件基本收入計畫，未來就必須轉型成為社會福利型態國家，所有的稅制與福利也都會順應這道改變而生。

無條件基本收入是否應該「花錢買」，這一點爭議似乎也值得提出討論。前總統小布希（George Bush）時代的減稅政策「沒花錢」，派兵攻打伊拉克和阿富汗也「沒花錢」。美國掌控自家貨幣，而且儘管多數改革派不願意承認，其實它籌資推展新政策的自由度非常大。我們老是愛把政府想成一個大家庭，努力賺錢、編列預算並據此花用。但是，可以自主印鈔、建立軍隊的主權國家並非如此運作，聯邦政府先花錢，然後再課稅，除了少數關鍵時刻必須交頭接耳交換意見，它其實根本不會費心平衡預算，也不會籌資抵付戰後時期的開銷。我還想補上一句，所有赤字累累的時期從未刺激長期利率飆升，也不會阻礙成長，更不曾嚇壞投資人。事實上，美國前財政部長賴瑞・桑默斯（Larry Summers）可是力排眾議堅守花錢立場，他爭論，要是美國的經濟成長率持續低迷不振，政府就該永遠面不改色地高築債台。這套論述的重點不在於政府應該高速運轉印鈔機，以支應規模高達幾兆美元的無條件基本收入，也不在於它應該揮霍無度直到利率飆高、通膨漲不可抑，但是，假設某種程度的赤字融資堪稱明智之舉，就好比我們將無條件基本收入視為一樁投資，紅利則是更健康的人口攜手共築更堅實、強大的經濟，也好比我們體認到，美元不是一種政府終有一天會花完的資產。

再者，我們不必要求個人多繳所得稅以便為無條件基本收入籌措財源，甚至可以說根本不應該往這方面想。每年徵收金融交易稅一千億美元，可以把稅基上推到四千億美元；實施增值稅每年隨便就能進帳一兆美元；一套架構設計妥善的碳稅，每年可以笑納一千億美元；此外，假定針對房產價值超過三百萬美元的富裕族群課徵富人稅，可以坐收幾千億美元，這種做法可以開啟類似阿拉斯加州永久基金股利的政策架構之門。共和黨政治家前國務卿詹姆斯·貝克（James Baker）、喬治·舒茲（George Shultz）與前財政部長漢克·鮑爾森（Hank Paulson）曾聯手提議，每一季返還每一名公民由碳稅支應的社會安全計畫開銷；經濟學家詹姆斯·波伊斯（James K. Boyce）與作家彼得·巴恩斯（Peter Barnes）也曾發現，美國政府課徵碳稅、金融交易稅與能源開採稅，每個月就可以發放每一名公民兩百美元。

萬一未來有一天機器人開始砸破我們所有人的飯碗，全球首富比爾·蓋茲前幾年就提出想法：或許可以對它們課稅。「當然未來會有自動化相關的稅目。現在，假設一名工廠員工的薪資是五萬美元，這筆錢就得扣稅，會有所得稅、社會安全稅等林林總總的稅目。萬一有一天機器人包辦他的工作，你得這麼想，我們應該課徵機器人同樣稅金，」他對新聞網站石英（Quartz）說，「我們大家想要善用這個機會，製造所有今天所能擁有的全部產品與服務、釋放勞力，才能更妥善照顧老人家、小班制教學，以便幫助有特殊需求的學童。你也知道，剛剛提到的這些事情都是人類特別獨樹一格的同理心與理解力，而且我們極度缺乏這樣的人才貢獻一己之力。所以如果你可以讓自動化取代人工，然後花錢提供某種方面的培訓，好讓他實現某種目標，這樣他就能夠提升自我去做其他工作。如此一來，你就真的是超前進步了。」

上述論調聽起來像是異想天開，實則不然，成真的可能性極高。在所有人裡面，碼頭與裝卸貨物的工人就是很好的例子。回顧二十世紀中期，這門高度工會化的產業就已經體認到，最新式的重型機械正在迅速改善效率，導致他們丟飯碗。工會幾經斡旋達成一種生產力分紅計畫，任何用以節省碼頭工人勞力的投資都必須提出相對補償。這種契約條款至今依然存在，而且碼頭工人不只賺回健康，還能搬運更多貨櫃，這一切全拜新式機械問世、工會成員眼光前瞻。當然，以機器人課稅為例，試圖籌劃整體經濟範圍的生產力紅利難度高多了，但是，僅再次強調，並非毫無可能。其中一種方法是提高企業股息稅收，出發點是，節省勞力的投資將有助於提升企業獲利，這樣企業就能反過來多派發一些股息給股東。另一項做法就是填補資本利得的漏洞，無需國稅局採用機器人核查，也不會減少企業變得更有創新性的誘因。

善用富人稅、共享資源、污染與消費等琳琅滿目的稅收，而非僅僅支用所得稅，有助於無條件基本收入籌措財源，這種做法不但切實可行，更能彰顯它的角色：一樁用在每個人身上的投資，也是每個人的權利，而非單單從甲的口袋硬榨出血汗錢，再轉手放進乙的口袋。這麼做也能強化無條件基本收入的意義：一種全國公民共同出資的公共財。

每月一千美元的無條件基本收入計畫可能做得到，而且如果能夠精心設計，將不會以犧牲中產階級、惡霸加稅及無助於消除貧困為代價地幫助窮人。如果你想限制那些沒有社會安全保障的族群拿到錢，還想撤銷食物券和福利計畫，光是一年的淨成本就高達二兆五千億美元；要是你不想讓收入級距落在前五分之二的族群，即年薪七萬二千美元左右，享有退稅好處，成本或可降至接近一兆美元。但若計入金融交易稅、擴大遺產稅，並重新訂定新的最高稅率，資金到位，這套計畫就得以成行，根本無需榨乾中產階級，或是從低收入家庭中取走任何東西。

但更好的主意可能是將無條件基本收入視為負所得稅政策實施。幾十年前，諾貝爾經濟學獎得主米爾頓・傅利曼、美國前總統理查・尼克森都提出這項倡議。就作用來說，負所得稅政策就像是少了「勞動所得」部分的低收入家庭福利優惠，用以確保安全網沒有漏洞，同時也支應低收入家庭有所得。這套做法的機制稍微複雜，但想法很簡單，即政府將確保每個人或每戶家庭每年都有一定程度收入。將收入額度定在貧窮線，擺明了就是要終結貧窮，卻又不會大幅減損努力工作賺錢的誘因。負所得稅政策會讓每個人都達到這個水準，其中最窮困的族群將獲得最大好處、一般窮人分到一些，至於富裕家庭就不用多得了。國稅局可以採月付制，而非年付制，以幫助低收入家庭平穩消費，避免淪於時不時就面臨山窮水盡的窘境。這類計畫每年將花費約二千億美元，幾乎和花在低收入家庭福利優惠、社會安全生活補助金、住房補助、食物券、福利方案與學校營養午餐的金額相當。一套更慷慨的計畫每年約將花費四千億美元，但課徵碳稅、富人稅或金融交易稅就能輕易支應。

也就是說，這場如何開創、打造與實施計畫的討論，有時候似乎是卡在紙上談兵的階段。無條件基本收入是一堂課程、一種理想，而不僅是經濟政策。我們不能只是空談如何架構無條件基本收入，應該要深入探討該如何善用現有手上資源，做得更好、更公平，而且還能同時嘉惠更多人。

首先，政府可以開始將現有的對抗貧困計畫轉化成無條件的現金匯款；第八類房屋補助計畫與食物券可以化成簡單、輕鬆又可取代的銀行帳戶存款，而婦女嬰孩及兒童計畫（WIC）則可以保障孕婦；數萬低收入家庭得到更多花費這類安全網補助金的選擇並從中獲益，立即讓這些資金顯得彌足珍貴；美國也可擺脫福利計畫，打造出一套普遍通行的兒童福利，這樣一來就能消除孩童貧困、支持女性，還有助於孕育更健康的下一代。

我們可以優化現有程序變得更簡單、更普遍適用。廢除「歐巴馬健保改革方案」（Obamacare）繁複的補貼做法，讓每個人都買進聯邦醫療保險或醫療補助，這種政策建議雖與無條件基本收入截然不同，但基本上都是基於相同理念。就像是改善課稅碼更透明，別讓漏洞與合法避稅手段加重負擔；或是將福利措施之類的計畫轉化成基於收入而定的權利，並簡化所有複雜的文書申請工作、資產測試或工作要求；也像是大幅提高最低薪資，並為零工經濟參與玩家打造一套到處都適用的福利制度。這些都是改革派強力要求的變革。

事實上，無條件基本收入至今還只是一套可望而不可即的政策，不僅左翼人士關注，右翼人士、矽谷、經濟大國和全世界也都睜大眼睛在看。新學院經濟學家戴瑞克・漢彌頓就提倡發行一套簡單、宏偉的嬰兒債券（baby bonds）計畫，以利消除財富不平等、敉平種族貧富差距。「我們不應該努力建立一個種族中立的美國，而是種族公平的美國，」他曾撰文，「為此，代代相傳的種族經濟優勢與劣勢必須就此打住。公部門為貧困家庭的新生兒提供充沛的信託基金也將為實現理想邁出一大步。」假設，這類計畫約可提供淪於百分之二十五最貧困家庭的新生兒等同五萬美元的債券，將可用於投資，並讓他們年屆十八歲時得以自由運用，好比買房、教育經費或創辦事業。這種政策無分膚色，但料將顯著援助黑人和西班牙裔家庭，因為他們遠比白人和亞洲鄰居貧窮。

平心而論，這套理念就消除貧窮、強化勞工階級力量而言，比不上無條件基本收入。「善款資助的基金處處可見浪費的機會，特別是出身與背景都相對弱勢的族群本就鮮少擁有善用款項的機會。」魯汶大學教授菲利普・范・帕雷斯（Philippe Van Parijs）曾這麼寫道，「為了在一個不間斷的永續基礎上實現維持底線收入的目標，因此有必要保留調查申請補助者經濟情況的福利體系，而且我們基本上會回到出發點，亦即將無條件基本收入視為替代目前方案的需求與渴望。」也就是說，這類嬰兒債券將是一筆針對美國年輕人的顯著投資，得以支持創業精神，也有助於削弱白人霸權心態、賦權各色人種，最後還能利用這股力量激發美國創業家自立自強的文化。

另一套大格局的想法是保障就業計畫，意思是美國政府對所有公民的工作權有求必應。記者傑夫．史珀斯（Jeff Spross）在期刊《民主》裡曾這麼寫道：「對先前失業的族群來說，保障的好處自是不在話下；不過幫助所有已經在職的美國人也同樣重要。當勞工在供應不足的就業市場裡殺個你死我活，根本毫無力量可言。」以此為這套理念進行遊說。他主張，保障就業計畫可以督促提供更好的工作條件、更優渥的薪資、更穩定家庭的力量，與更良性的工作－生活平衡做法。他的建議就是，政府提供每年二萬五千美元的全職工作，內含聯邦僱員健康福利計畫（Federal Employees Health Benefits Program）給付的醫療福利、聯邦公務人員退休制度（Federal Employees Retirement System）給付的退休福利，以及病假、帶薪家事假等福利，任何申請者都可獲得。這套計畫的成本大約每年六千七百億美元，占經濟產值百分之三點六，遭逢經濟衰退時將會飆升。

這是漢彌頓和長期合作著書的經濟學家威廉．達利提（William Darity）共同發揮影響力表達支持的理念，就業保障將可做到，「如果僱主想要吸引勞工上門，它可用於制定薪資、醫療保健條款與任何僱主應該讓僱員滿意的工作條件底線；它將會大幅降低對最低工資的需求，也會打消失業的威脅，進而賦權勞工，讓勞工階級幾乎無需討價還價。」它還會「大幅減少我們花在賴以活命的計畫上的支出」。現代貨幣理論學派的經濟學家經常被稱為赤字貓頭鷹（deficit owls），他們立場偏中，主張貨幣金錢不過就是數字遊戲，政府應該不用太掛心赤字與債務，民主黨智庫美國進步中心也推動類似政策理念。

儘管有這麼多正面誘因，這類計畫也可能淪為一場噩夢，好比政府得先釐清它必須在國內每一處提供什麼樣的工作機會。美國進步中心建議將照護工作當作政策核心，不過這類工作並不利於流動、臨時而且低技能的工作人口。試想，你願意讓一名前一陣子還是重罪犯的人選照看你的三歲幼兒嗎？你願意讓一名高中輟學生幫祖母洗澡嗎？這類工作大半是勞力活，令人懷疑這整套計畫是否會讓大家在公、私領域的勞力市場中成為高薪酬的零工。

儘管如此，眼前這幾套提案都是目前無條件基本收入運動的證據和燃料。有鑑於以下爭議都端上檯面：美國政治兩極分化、隱晦與直白的種族歧視、收入不平等、薪資停滯以及地理空間阻斷；貧富差距、學生貸款債務日益擴大；全國退休、身障與孩童照護工作危機；經濟發展正朝向去除中間商的「優步化」（Uberization）、反映政策各種可能性範圍的歐佛頓之窗（Overton window）[18]，問題的構面都很龐大，解方亦不例外。換句話說，我們期許一套設想經濟可能性的激進觀點與理解將可納入話題再起的無條件基本收入裡。

事實上，無條件基本收入帶來的教訓之一是，我們的政策成果不是必然發生，而是選擇後的產物。倘若金融海嘯爆發之際，美國就通過更多財政刺激政策，現在必然更富裕；要是資金都投入興造基礎建設，現在必然更富裕；如果美國選擇確保沒有任何孩童成長在貧困環境，現在必然更富裕；假使美國傾力實現黑人與白人、男性與女性真正平等，現在必然更富裕；倘或德國未曾堅持，周邊債台高築的國家必須厲行緊縮政策，歐洲現在必然更富裕；假定巴西根除政府訂約流程中的貪腐行為，現在景況必然更光明；若是日本同意開放更多移民並設法同化他們，國力必然更強大；就我所見，假設北韓願意採納鄰國的南向政策，全國人民必然更富有。

在此，美國的貧窮困象是一種選擇；中產階級收入停滯是一種選擇；導因於科技進步的大規模失業是一種選擇；種族歧視是一種選擇；父權制是一種選擇。前述說法不是低估既有的政策、利益與選擇傾向有多麼根深柢固，而是體認到，

⑱政治學家約瑟夫．歐佛頓（Joseph Overton）提出的政治理論，適用於一些綜合反映當時各種政治氣候，而且被選民所接受的政策。

雖然它們可能根深柢固，但並非恆久不變。

⋯

在南韓首爾的基本收入全球網絡大會期間，我花了一些時間和范．帕雷斯閒聊。這位現代基本收入運動之父回憶，一九七〇或一九八〇年代時，他是在家裡一邊洗碗盤，一邊雕塑出無條件基本收入概念的雛形，而且有如日光一般清晰可見：他捐棄將社會福利款項依據不同原因發放給不同群體的做法，單單就只是提供所有成人一筆基本收入。「我猜我是第一個想出這個點子的人，」他笑說，身旁圍了一群韓國大學生，爭先恐後想請他簽名，「我從來沒在哪裡看到過類似提議，也從來沒在法國看到其他人討論或撰文探究這項議題。看起來我得自己發明一組新詞彙，不僅得以放諸四海皆準，也可當作普選參考依據。」日後他在對同學提起這項概念，因而了解智財履歷。他的同學也曾發夢要自發創新。

幾十年前，在第一屆基本收入全球網絡大會上，無條件基本收入還是一項不知所云的模糊概念，它是尼克森隨手塗鴉的大餅，日漸被人遺忘，發展中國家的現金投資計畫還沒扎根，網際網路也才剛剛成為一種商業產品。直到過去幾年，它竟然攫獲多方關注，讓帕雷斯感到些許疑惑。當他統籌第一次大會時，與會人士都是蓄鬍的年輕學生，他們擁抱社會主義的哲學。當年的大會主旨講稿題目是「邁向共產主義的資本主義之路」（A Capitalist Road to Communism），資本家、社會主義學家與比爾・蓋茲、連續創業家伊隆・馬思克、希拉蕊・柯林頓等名人為首的新保守主義人士都覺得，有必要就此表達各自的觀點。這可把他嚇壞了。但話說回來，這個想法看起來如此明智，也是一種再正義不過的手段，他說，或許終究是不可避免的走向。

當然，即使時至今日，就算各界熱情擁護、諸多試點實驗與正面的民調結果相繼出爐，這項政策也未必會發生。但是它一路開低走高，從海市蜃樓的空想慢慢轉化成具體提案，更是對眼前現狀的歷歷指責。截至二〇一七年底，看似幾乎每天都有全新的實驗結果、示範試點、計畫、研究、會議、焦點團體、新成員加入、提問或簽約受聘。

在歐洲，無條件基本收入運動的進展比美國前瞻得多。芬蘭率先啟動全國測試。當地社會科學領域智庫社會保險局（Kela）隨機挑選一批至少失業一年以上的壯年人，每月發放六百四十五美元。老實說，這場實驗自有缺失，其一是金額太少，其二是時間受限，無法滲入整個社區、惠及所有公民。儘管如此，這項計畫的用意在於提供政府更多數據資料，以便判斷基本收入做法是否優於現有的安全網政策。荷蘭也正推行試點實驗，蘇格蘭則是即將跟進。尤有甚者，左派政黨已經開始將無條件基本收入納入政綱，這意謂著它看起來頗成氣候，在全國風行草偃只是時間問題。

美國北方鄰國加拿大的安大略省也推行一套範圍更廣泛、野心更強大的試點實驗。三座城鎮的地方政府每年大概發放一萬二千五百美元給當地居民，但若領受者每多賺一美元工作收入，發放額就會減半；身障人士則是視情況加碼。這場實驗是想測試無條件基本收入能否改善人類生活繁榮程度，評估標準涵蓋食品安全、壓力、心理健康、身體健康、住房、教育和就業指標。「我們正面迎來具備全新挑戰的新世界。從科技到川普，變數更大、變革更多，」安大略省長凱薩琳·韋恩（Kathleen Wynne）在宣布計畫上路時說，「我們的目標清晰，即是想要藉此了解基本收入能否為人們的生活帶來積極影響，這種全新做法能否提供他們開始實現潛力的能耐。」

再回頭看美國。矽谷知名創業加速器Y Combinator大張旗鼓，將基本收入試點實驗拓展到奧克蘭。這家組織打算揀選三千人，將他們分為兩組，其中一組每個月領收一千美元，為期五年；另一組每月五十美元。「有時候你會聽到，要是我們的人生沒有經歷過任何巨大轉變，這輩子就白活了。或者是諸如此類的說法，」研究計畫主持人伊莉莎白・羅茲（Elizabeth Rhodes）告訴我，「但我感興趣的地方在於，看看收到這些錢的人會做出什麼決定、面臨什麼限制。在過程中，結構性的不平等會發揮作用，我們只是想要試著了解屆時會發生什麼好事或壞事，無論結果如何。」

蓬勃發展的智識基礎也已經開始繞著無條件基本收入發展。史丹佛大學已在旗下麥考伊社會道德家庭中心（McCoy Family Center for Ethics in Society）成立基本收入實驗室（Basic Income Lab），邀請一支跨學科的學者小組深究這項政策。經濟安全計畫已經開始發放加入無條件基本收入計畫的成員幾百萬美元；至於智庫，包括左傾代表羅斯福研究所、自由主義派代表尼斯坎南研究中心（Niskanen Center），到大眾民主中心（Center for Popular Democracy）、學術團體，這項倡議已經幫助社運人士米雅・柏松（Mia Birdsong）籌措資金，展開一趟「聆聽之旅」，以便「重新聚焦窮困族群的心聲，當成基本收入議題討論的核心，確保這場運動能在包容性的氛圍中進行，而且領導人更非嗜權之輩」。它也促成各界資助拍攝基本收入紀錄片。

改革派活躍人士團體也用力施壓政界將無條件基本收入化為政策，參加從地方選舉到總統初選的政治家都主動列隊參與。民主黨的歐文・龐德斯特（Owen Poindexter）打著基本收入旗幟爭取州議會席次，我們有機會當面對談時，他自知機會渺茫，但還是很想要推動廣泛談話，並在未來幾年影響加州政治。「我覺得對基本收入運動來說，這是一件好事，」他對我說，「我深受瑞士公投鼓舞。雖然它們得票不到三成，但全程造勢活動仍被視為啟動歐洲開始討論基本收入的對話基礎。」他指出，許多在位的政治家都只是信口說說，只想拿它來建立左派的信譽，「但我希望最終能達成的部分目標是，把基本收入這個概念正常化為政治議題，也化為我們都可以動手推行的計畫，好讓大家都知道，我們不應該害怕將基本收入付諸實現，」他說，「這是一種人人都想加入談話的想法！」

或許最讓人興奮的消息是，舊金山相對低收入的內地小城史塔克頓（Stockton）已經宣布，將開始無條件每月發放居民五百美元，以便證明無條件基本收入可能會帶來什麼好結果。「〈無條件基本收入〉討論不僅限於未來生活即將受到影響的族群，」年輕市長麥克・塔布斯（Michael Tubbs）對《大西洋月刊》說，「臉書執行長馬克・佐克伯不需要每月五百美元這筆錢。」接著他補充：「我的個人偏見是，這筆錢應該發給最需要它的對象，但這麼做就不算具有真正的普遍性，反而是有針對性。現在我們的國家開始推動類似這樣的工作，每個人都得覺得自己是其中一分子。」夏威夷也已經開始研究這套政策，「在這個州，人均無家可歸的比率居全美之冠，有產與無產族群的分化越來越顯著，也使得這個以服務業為基礎的經濟圈嚴重面臨龐大的破壞風險，因此現在正是開始前瞻思考的時刻，」民主黨眾議員克里斯．李（Chris Lee）宣布這項倡議，「創新與自動化取代人類的工作而且改變市場，政策也需要跟著典範轉移，以便確保經濟維持穩定、每個人都能獲益，而且沒有人被拋在後頭。」

無條件基本收入這套構想已經變成一場無條件基本收入運動，召喚我們所有人質疑經濟政策的每一項假設，並想像一個與我們現實生活大異其趣的世界。不視任何事為必然、深入思考我們互欠彼此何物、有多關心彼此、如何形塑並推動經濟成長、從他人手中取走何物、以及我們回饋何物。想像一下，我們不只是修補政策，更要徹底改寫它們。

最近有人提醒我，幾年前曾和瑞士藝術家安諾．施密特（Enno Schmidt）討論基本收入，他一向是公共藝術特技的策畫者，曾在首都伯恩的國會大廈往外傾倒八百萬枚硬幣，意欲每一名瑞士公民都能拿到一枚。當時，他與同行藝術家活動人士已經蒐集足夠的簽名數量並呈交政府，以便啟動前述龐德斯特所談到的公民投票。

施密特和我討論期間曾提出許多關於基本收入的論述，先從這套做法支撐創造性自由的方式，到解放個人不再死記硬背的工作方式，再到消除貧窮的方式。他一再使用有趣的德國詞彙「stimmig」（使密合）形容這項想法。這個字和許多言簡意賅的德國詞彙一樣無法直譯成英文，但可指涉「契合」、「凝聚」與「和諧」等文義。在一張唱片集結好歌可說「完美契合」；排版無誤造就好書就是「完整無瑕」；一連串合情合理的外交政策就是「圓融周全」；一對恩愛夫妻就是「天作之合」；然後他說，此時此刻，一套基本收入計畫就是「天經地義」。

多年後，我開始相信他說對了。

後記　充滿想像與可能性的未來

羅穆尼早一步，她的粉紅亮晶晶基礎媒體集團，皮尤A社會福利，科技人工智慧當時沒有人看到課稅部落工作。華盛頓可以削減，機器人以達減少它們的程度。有個刺耳吵鬧的鬧鐘，勞工第一，三十個駕駛集合一套基本稅務，為了樂透山谷居民產生一個安全原油計畫。就在需要意圖之前，緬因州計算一百四十四個從後院產出，或社會投資十二，讓全國都包裝起來，給他手握福利，鄰居則是時有時無，會推向特別不平等而改變。「我們的保羅看到我會面特別沮喪的的。最新的相反，提供產業安全，賓州的幾分鐘可以持續推進美國，許多已經打造完成，和最遠與有價值的無條件基本收入相互交織……

別擔心，前面那段文字絕非錯誤，也不是我寫出完全無法讀的文字，而是機器人代筆。說得更精確一點，是機器學習演算法運用人工科技技術，將此書內文當作數據資料架構而成。我輸入寫作文字，多虧一套頗受歡迎的開源軟體庫「張力流」（TensorFlow，編按：尚無正式中文譯名），它們自動轉化成看似熟悉卻又陌生新奇的結果。香港科技大學電腦科學家金成勳（Sung Kim）協助編寫代碼、舊金山灣區的博學通馬克思．達奇（Max Deutsch）協助編寫協議。簡單來說，我的電腦自行運算一連串代碼分析我的寫作內容，同時辨識出我使用的獨特字眼。它學習哪些字眼會緊隨前後出現，然後發揮直覺猜測並自我重組成一套可讀的文字。

一道擁有優質來源、更集中管理的流程，通常會採用比較精良的素材來源，有可能產出更富創意的作品。舉例來說，人工智慧機器人雪莉（Shelley）是麻省理工學院媒體實驗室（Media Lab）的專案計畫，懂得寫出讓人毛骨悚然的恐怖故事。其中一則起頭：「我會在凌晨四點醒來，看到那位女孩躺在我床上，低著頭，往下盯著我看。我知道她正雙手環抱我。」另一則：「我的心劇烈狂跳，比我的呼吸還要急促。我想有人在身後悄悄地追蹤我。」《華盛頓郵報》（*Washington Post*）也有一套人工智慧系統打造的機器人記者Heliograf，定期產出短篇體育賽事、選舉結果報導，美聯社（Associated Press）則是導入自動化系統更新企業財報新聞。

當我在撰寫這本探討無條件基本收入與技術性失業的書籍時，不斷回頭檢視這類科技助攻的系統所帶來的高流動、高創意潛能。一方面，它們似乎還只是輕度威脅現有的勞力市場，特別是醫療與教育領域都成長強勁，若從生產力的角度來看，正如一九六〇年代經濟學家威廉・鮑莫爾、威廉・鮑溫（William G. Bowen）診斷經濟「成本病」時歸納的結論：科技所創造的奇蹟似乎還不見巨大變化；另一方面，跳脫經濟的可預測性之窗，看向未來一個、兩個甚至十個世代，這種趨勢肯定會發生。人工智慧將顛覆這個世界，感覺上，機器自我升級、邊學邊進化的能耐將是前所未見。我不確定任何經濟學家、記者或未來學家對事物將如何變化擁有足夠認識。

在某些方面，科幻小說感覺上就像是最佳指南，引領我們認識人工智慧寫作的書籍、診斷的癌症、駕駛的汽車與影響的社會福利政策。想想卡通《傑森一家》（*The Jetsons*）裡的喬治・傑森。他似乎是個好爸爸、好丈夫、好鄰居，更是好朋友，但就經濟角度來說，這名住在軌道城市（Orbit City）的居民根本就是廢柴，幾乎無所事事，每周只花三天進斯貝斯利太空鏈齒（Spacely Space Sprockets）公司待上三小時，這個時間大概是一般美國人上班時間的四分之一，更是典型白領階級的五分之一而已。他的職責無關緊要、毫無創造力，遑論生產力：有一次他抱怨必須每周選一天花一小時點一顆按鍵；最重要的是，他的工作表現糟透了，遲到、早退是家常便飯，而且總是在當差時間出包。

喬治·傑森離發明小兒麻痺用藥沙克疫苗的喬納·沙克（Jonas Salk）或發現化學元素鐳的居禮夫人（Marie Curie）不只十萬八千里；他也和蘋果公司（Apple Inc）創辦人史蒂夫·賈伯斯（Steve Jobs）、美國著名主持人歐普拉·溫芙蕾沒得比；他不是內科醫生、火箭科學家、藝術家、教師、建築師、看門人、政府官員或護理人員，他的職涯看起來幾乎對社會毫無貢獻，也沒有社會價值；他不是一個致力打造軌道城市成為美好家園，也不是推動社會邁向光明未來的人選；就是因為喬治·傑森，這裡沒有服務可以提供、沒有貨物可以購買，也沒有需求應該滿足，但傑森卻是生活在非常舒適的環境中，整個社會（實際上是飄在空中）堪稱蓬勃發展、和平安詳，而且中產階級欣欣向榮。他的妻子珍是全職主婦，兒女快樂又健康，按時接種疫苗、營養充足而且充分就學。傑森一家的座駕是一部高速飛碟、公寓內設功能高度數位化，而且擺滿讓人嘖嘖稱奇的消費性產品：3D立體電視、噴射背包、桌面平板電腦、高級影音聊天系統與食物合成器。

當然，在所有事物中，最值得留意的對象就是老愛說俏皮話的機器人蘿西。她可能是出租女傭（U-Rent a Maid）出產的過時版本，不過，看看她好似陀螺般自由迴轉的動作、靈巧性、自學能力、人工智慧、語言處理技巧以及符合恐怖谷理論（uncanny-valley）的人性⑲。這是一九六〇年代初期上映、一九八〇年代重播的卡通，當時劇中出現的科技，今日都一一成真，而且多數成本都不高。不過，電商龍頭亞馬遜開發的智慧語音助理Alexa、蘋果的Siri系統，甚至行動機器人，都無法和蘿西相提並論。

《傑森一家》堪稱未來世界範本：人工智慧技術打底，人類無需工作。在讓人會心一笑的著作《星艦經濟學》（*Trekonomics*）中，作者馬努．沙迪亞（Manu Saadia）解釋，《星際爭霸戰》宇宙並非是個完全背道而馳的經濟圈，劇中的星際聯邦（United Federation of Planets）善用複製技術生產食物、人工智慧技術提供服務，滿足每一名在此立足生根的居民的需求，無論是人類、瓦肯族（Vulcan）或其他物種。「勞動與休閒無法一分為二。全天下的物資豐沛，因此追求財富已經顯得無關緊要，」沙迪亞這麼寫，「迷信、犯罪、貧窮和疾病都已被消除。就所有的意圖和目的來說，這個（世界）是一座天堂。」他還指出，在天堂裡，沒有

⑲ 一九七〇年日本機器人專家森政弘提出的理論，反映人類對人型機器人好惡感的模式。

人為了掙一口飯工作。星艦企業號（Starship Enterprise）之所以存在不是為了要戰鬥、殖民或壓榨，而是要探索。敬重與尊敬成為財富在人際社會的代表，這個世界是一個集工匠、學者、宗教思想家和哲學家大成的處所。

經濟學家長期思考全世界處處資源豐富將如何。事實上，已故英國經濟學家約翰．梅納德．凱因斯在一九三〇年發表一份知名論文〈我們後代的經濟前景〉（Economic Possibilities for Our Grandchildren），預測二〇三〇年就會進入這樣的經濟環境。

現在，人類的需求確實看起來就像是永無止境，但它們大致可分成兩類：一類是絕對的需求，亦即無論我們人類同胞的情況如何，我們就是需要它們；另一類是相對的需求，也就是說，我們唯有在滿足後能夠有所提升，而且讓我們自覺比同儕優越，才會感受到它們的存在。第二種需求是為了滿足我們對優越感的渴望，可能確實是無法滿足；普遍水準越高，它們也就跟著提高。不過絕對的需求卻非如此，可能很快就會達成滿足點，搞不好還比我們意識到的時點早得多。當這些需求獲得滿足，我們就更願意將更多精力投入非經濟的目的。

這位知名的經濟學家期望看到勞工將花費更多時間陪伴家人與朋友，並像星艦迷一樣投身藝術、科學和探索之旅。

當然，這樣的世界肯定會讓我們想問：即使資源豐沛，勞工如何享有並負擔必需品？《星際爭霸戰》壓根不談錢。舉例來說，在延伸影集《銀河前哨》（*Star Trek：Deep Space Nine*）某一集裡，傑克・希思科（Jake Sisko）提到他賣掉第一本書，然後指出：「這只是一套說詞。」寇克艦長（Captain Kirk）探索時間和空間時順道走訪當時的地球，然後他嘟囔著：「這裡的人還在用錢哪。」劇中人物究竟都拿什麼買東西？什麼物資足以協助供應所有需求？這麼說好了，人工智慧與複製物品的機器發揮功能，消除這個宇宙的資源限制，以及絕大多數商品和服務的必要成本。你需要某樣產品嗎？啟動你的複製機器自行列印就到手。至於那些依舊十分稀缺的物項，或是為了協助買賣雙方在社會主義的大環境裡順利交易，於是就設立聯邦信貸（Federation Credits）。舉例來說，這些機構一度還幫助政府購買進入蟲洞（wormhole）[20]的隧道；也幫助政府分配星際運輸和護理服

---

⑳ 一九一六年奧地利物理學家提出的概念，主張宇宙中可能存在一道連接兩個不同時空的狹窄通道。

務，好比老人、孩童或是身殘體弱者。

可惜的是，凱因斯、《傑森一家》都不曾探究經濟細節，不過這位大名鼎鼎的英國宏觀經濟學家滿腦子幻想資本主義社會將在未來再現。他曾寫：「在那個世界裡，面對龐大的技術性失業潮、對勞工的需求將恆常低迷，但物資卻十分豐沛，人人約莫每周工作十五個小時便已足夠。」但他不曾著墨如何確保稀短的工時能提供一個家庭所需的足夠收入好購買產品與服務。儘管如此，他強調，生活在這樣的經濟圈裡，追求財富、積攢金錢全都毫無意義，他還描繪出一個超越資本主義的經濟體系：「形形色色的社會習俗、經濟發展都會影響財富分配、經濟獎酬和懲罰方式，無論它們本身多麼令人厭惡、不公不義，現在我們不惜一切代價維持這種運作方式，只因為它們促進資本累積的效果其大無比。」

在前述三種情境裡，《傑森一家》感覺上最貼近我們目前的經濟現實：充滿地位焦慮、財富不均、引人注目的消費風氣、環境惡化，加上擔憂成本、讓人目瞪口呆的科技進展。喬治．傑森為了柯斯莫．斯貝斯利（Cosmo Spacely）賣命，後者正面臨考斯威爾（W. C. Cogswell）齒輪裝配工廠的強力競爭。在卡通劇的片頭字幕裡，喬治從錢包拿出一些錢給珍，但她的手卻略過眼前的紙鈔，直接拿走整個錢包。珍考慮要買一具價格比蘿西還要高的機器人，正是因為內陸口音比較炫，於是她決定，他們家負擔得起這款產品。我們生活在一個有錢人看起來都在累積財富的世界，但不是一個勞工都受到不當對待的世界。非有一套可行的薪資所得租稅抵減或無條件基本收入計畫不可。

一套更反烏托邦的願景也值得細想。冒險科幻作品《飢餓遊戲》（*The Hunger Games*）的場景施惠國（Panem）就是個科技超級進步的世界，包括操縱基因、奈米機器人、工程級材料、醫藥、運輸、電信和武器等。不過這些技術都嚴格掌控在法西斯主義的施惠國手中，事實上，它們是控制十三個行政區的工具，其中女主角凱妮絲・艾佛丁（Katniss Everdeen）就住在第十二區。每一區都有一套單一、毫無變化的低薪經濟體系，第十二區的重點在挖煤。每一區都得進貢財富到天龍國都城（Capitol）的居民，但卻完全分不到一丁點財富碎屑，遑論獲取具有改造威力的技術。這是一個在反烏托邦情境下實現烏托邦的國家，讓我想到杜撰推想小說的作家威廉・吉布森（William Gibson）的名言：「未來已在身邊，只是還沒全面流行。」（The future is already here. It's just not evenly distributed yet.）

重點來了。在《傑森一家》、《星際爭霸戰》與凱因斯的願景中，所有人類的必需品都由國家或社會提供，人人只要開口要求就能獲得超讚技術，即使它們會侵蝕個人的工作需求或薪資基礎。在某些情況下，企業不再是經濟中心，社會和政府反將取代它們；資本主義萌芽之前，農奴得以進入為大家提供基本生計的共有土地，而且還能一同生活在享受共有產品的社區中。現在，有些思想家主張，資本主義的曙光即將到來，是否應該提供每個人基本生計所需的共有產品，這個問題已經再次浮出檯面。

如果人工智慧與其他相關技術日新月異帶來生產力成長、不平等加劇與大規模失業，我們生活的世界就應該要做出抉擇，維持人類生活，並確保人人在經濟和社會中都有一席之地。一旦生產力成長、不平等加劇與大規模失業的預想成真，正如科幻小說、舊日經濟教科書所描繪的情景，一套無條件基本收入將遠遠不夠。我們理解的價值和薪酬、工作與勞工，都必須更大幅度的改變。自由市場、自由競爭與經濟成長的新自由主義價值是人類進步的主要衡量指標，它們也必須改變；閒適、自在與關心有必要變成社會運作的核心關鍵，而非支援性作用或偶發性元素。

一個像《飢餓遊戲》那樣資源受限、專制治理、不平等、暴力充斥與全面缺乏流動性的世界，將是悲慘世界；一個比較接近《傑森一家》的場景可能感覺是個非理想化的地方，因為價值的定義仍取決於財富、讓人類顯得多餘的科技進步；一個比較接近《星際爭霸戰》的場景可能感覺像是個烏托邦，因為科技變革破壞資本主義的正統性，但同時也延長壽命、放寬自由，讓藝術更容易就近取得、提供選擇，而且也消除掌權者對最惡劣勞動形式的需求。

考慮到我們迫切的需求，這類擔憂現在看似不著邊際，但隨著科技創造瘋狂的可能性、懇請政府訂定政策以便控制資本主義氾濫行為的呼聲日高，它們可能很快就會現身。我們必須不斷推進想像，以便在未來翩然乍到之際，我們已做好準備。

致謝

撰寫這本書是一項特權，因為我得到非同尋常的協助，在伏案寫作期間也與許多卓越人士相互激盪交流。

經紀商克里斯．派瑞斯－藍伯（Chris Parris-Lamb）鼓勵我提案然後寫完這本書，可以說沒有他就沒有這本書。愛曼達．庫克（Amanda Cook）、克萊兒．波特（Claire Potter）不吝提供彌足珍貴、十足啟發性的協助，將毫無頭緒的雜亂文字化成貨真價實的文本。置身印度的好友艾希謝克．阿夏克．庫馬（Abhishek Ashok Kumar）提供出色的研究、報導與訂正；羅伯特．歐路奇（Robert Oluoch）遠從肯亞給予翻譯、語言與文化指導；傑洛米．韋努克（Jeremy Venook）與魯本．雷伊斯（Ruben Reyes）從旁協助研究與事實核查；《紐約時報雜誌》（*New York Times Magazine*）的威利．史塔利（Willy Staley）形塑一篇又一篇的故事，然後才能集結成本書；我對《大西洋》諸位同事的感激，筆墨難以形容，特別是貝卡．蘿森（Becca Rosen）與喬．品瑟（Joe Pinkser），因為他們拋出想法、協助編輯，並大力支援。

許多貴人在我報導撰寫這本書的過程中大開家門、敞開心胸、解說事業、說明研究，並歡迎我走進他們的家，我特別要感謝麥可・費伊（Michael Faye）、喬・哈斯頓（Joe Huston）、蘇米・卡帕迪亞（Sumi Kapadia）、克里斯・休斯（Chris Hughes）、娜塔莉・佛斯特（Natalie Foster）、簡恩・德雷茲（Jean Drèze）、狄倫・馬修（Dylan Matthews）、安諾・施密特（Enno Schmidt）、卡拉・紐倫（Cara Newlon）與艾琳・克萊默（Erin Kramer）分享時間、想法與協助。

當我告訴家父約翰、家母瑟琳，我正在寫一本書，家父的反應是：「我一直都知道妳會寫書！」這句話當下真是太受用了。我也永遠感謝其他三名手足傑克、夏洛特與凱特琳，以及家族親友比賴爾・席帝奇（Bilal Siddiqi）、葛蘭特・高登（Grant Gordon）、妮娜・卡塔拉諾（Nina Catalano）、梅莉莎・貝爾（Melissa Bell）、漢尼斯一家（the Honeys）、艾瑞・梅爾（Erie Meyer）、愛莉莎・威廉斯（Alicia Williams）、蘿貝卡・皮亞薩（Rebecca Piazza）、愛曼達・馬特斯（Amanda Mattos）、莎賓娜・賀喜・伊莎（Sabrina Hersi Issa）、凱・史黛格（Kay Steiger）、安西雅・華森－史壯（Anthea Watson-Strong）、瑞秋・諾倫（Rachel Nolan）與莫莉・史賓菲德（Molly Springfield），還有我住的華盛頓特區社區鄰居。

最後，伊席（Ez），我真的辭窮了，搜索枯腸也想不出足以表達感激之情的文字。只能說我真是個幸運兒，可以與此生摯友共結連理，聰慧如他可以持續鼓勵我，慷慨如他可以全力支持我，而且即使歷經種種挑戰與冒險，都能愛我一如既往。

國家圖書館出版品預行編目（CIP）資料

無條件基本收入／安妮・勞瑞（Annie Lowrey）
著；許景理，簡秀如，邱琬珺譯.
-- 初版. -- 臺北市：商周出版：家庭傳媒城邦分
公司發行，民107.08
　　面；　　公分 --（新商業周刊叢書；684）
譯自：Give People Money : how a universal basic
income would end poverty, revolutionize work,
and remake the world

ISBN 978-986-477-289-6（平裝）

1. 經濟政策　2. 收入　3. 貧窮

553　　　　107012174

新商業周刊叢書 BW0684

無條件基本收入

原文書名／Give People Money
作　　者／安妮・勞瑞（Annie Lowrey）
譯　　者／許景理、簡秀如、邱琬珺
責任編輯／張曉蕊
外包編輯／陳怡君
校　　對／呂佳真
版　　權／黃淑敏
行銷業務／莊英傑、王瑜、周佑潔

總 編 輯／陳美靜
總 經 理／彭之琬
發 行 人／何飛鵬
法律顧問／台英國際商務法律事務所
出　　版／商周出版
台北市中山區民生東路二段141號9樓
電話：（02）2500-7008　傳真：（02）2500-7759
E-mail：bwp.service@cite.com.tw
發　　行／英屬蓋曼群島商家庭傳媒股份有限公司　城邦分公司
台北市104中山區民生東路二段141號2樓
電話：（02）2500-0888　傳真：（02）2500-1938
讀者服務專線：0800-020-299　24小時傳真服務：（02）2517-0999
讀者服務信箱：service@readingclub.com.tw
劃撥帳號：19833503
戶名：英屬蓋曼群島商家庭傳媒股份有限公司　城邦分公司
香港發行所／城邦（香港）出版集團有限公司
香港灣仔駱克道193號東超商業中心1樓
電話：（852）2508-6231　傳真：（852）2578-9337
E-mail：hkcite@biznetvigator.com
馬新發行所／城邦(馬新)出版集團
版集團【Cité (M) Sdn. Bhd.】
41, Jalan Radin Anum, Bandar Baru Sri Petaling,
57000 Kuala Lumpur, Malaysia.
電話：（603）90578822　傳真：（603）90576622
Email:cite@cite.com.my

內文設計排版／黃淑華
印　　刷／韋懋實業有限公司
總 經 銷／聯合發行股份有限公司
地址：新北市231新店區寶橋路235巷6弄6號2樓
電話：(02)2917-8022　傳真：(02)2911-0053

■ 2018年（民107）8月初版
ISBN 978-986-477-289-6

Printed in Taiwan
城邦讀書花園
www.cite.com.tw

定價380元

廣　告　回　函
北區郵政管理登記證
台北廣字第000791號
郵資已付，免貼郵票

104台北市民生東路二段141號2樓

英屬蓋曼群島商家庭傳媒股份有限公司　城邦分公司

請沿虛線對摺，謝謝！

書號：BW0684　　**書名：**無條件基本收入　　**編碼：**

請於此處用膠水黏貼

商周出版

讀者回函卡

感謝您購買我們出版的書籍！請費心填寫此回函卡，我們將不定期寄上城邦集團最新的出版訊息。

不定期好禮相贈！
立即加入：商周出版
Facebook 粉絲團

姓名：＿＿＿＿＿＿＿＿＿＿＿＿＿＿＿ 性別：□男 □女

生日：西元＿＿＿＿＿年＿＿＿＿＿月＿＿＿＿＿日

地址：＿＿＿＿＿＿＿＿＿＿＿＿＿＿＿＿＿＿＿＿

聯絡電話：＿＿＿＿＿＿＿＿＿＿ 傳真：＿＿＿＿＿＿＿＿＿

E-mail：

學歷：□ 1. 小學 □ 2. 國中 □ 3. 高中 □ 4. 大學 □ 5. 研究所以上

職業：□ 1. 學生 □ 2. 軍公教 □ 3. 服務 □ 4. 金融 □ 5. 製造 □ 6. 資訊
□ 7. 傳播 □ 8. 自由業 □ 9. 農漁牧 □ 10. 家管 □ 11. 退休
□ 12. 其他＿＿＿＿＿＿＿＿＿＿

您從何種方式得知本書消息？
□ 1. 書店 □ 2. 網路 □ 3. 報紙 □ 4. 雜誌 □ 5. 廣播 □ 6. 電視
□ 7. 親友推薦 □ 8. 其他＿＿＿＿＿＿＿＿＿＿

您通常以何種方式購書？
□ 1. 書店 □ 2. 網路 □ 3. 傳真訂購 □ 4. 郵局劃撥 □ 5. 其他＿＿＿

您喜歡閱讀那些類別的書籍？
□ 1. 財經商業 □ 2. 自然科學 □ 3. 歷史 □ 4. 法律 □ 5. 文學
□ 6. 休閒旅遊 □ 7. 小說 □ 8. 人物傳記 □ 9. 生活、勵志 □ 10. 其他

對我們的建議：＿＿＿＿＿＿＿＿＿＿＿＿＿＿＿＿＿＿

＿＿＿＿＿＿＿＿＿＿＿＿＿＿＿＿＿＿

＿＿＿＿＿＿＿＿＿＿＿＿＿＿＿＿＿＿

請於此處用膠水黏貼